日本人の給料

平均年収は韓国以下の衝撃

浜 矩子＋城 繁幸＋
野口悠紀雄 ほか

宝島社新書

はじめに

立憲民主党で経済政策を担当する代表代行の江田憲司氏は、本書で、「分配なくして成長なし」と主張している。経済成長すればおのずと富が分配されるという旧来の考えではなく、適切な分配が経済成長を促すという考えに基づいている。江田氏にインタビューしたのは9月14日だが、その3週間後の10月4日に首相に指名された自民党新総裁の岸田文雄氏も、早々に、「新しい資本主義を訴える。成長と分配の好循環で皆さんの所得を上げる」と打ち上げた。

立憲民主党にとっては自分たちの政策に岸田氏がただ乗りしてきたという話だが、こうして「分配」「成長」「所得」という言葉が出てくる背景のひとつに、日本人の給料が上がっていないという問題がある。

日本人の平均年収は20年の長きにわたり長期減少が続いている。２０００年代に入ると世界経済が伸長して日本の企業全体の業績も向上したが、給料は上がるどころか下がり続けた。ようやく２００７年にわずかだが前年比で増えたものの、２００８年にリーマンショックが起きて大幅に減少。２０１２年に就任した安倍晋三首相は、大胆な経済政策「アベノミクス」に着手し、異次元の金融緩和により円安・株高が一気に進んだ。安倍氏は、歴代最長の連続在任日数を記録して２０２０年９月に退任するが、アベノミクスの成果として「雇用者数と雇用者報酬総額が増えた」と自画自賛した。確かに２０１３年に日本人の平均年収は上昇に転じたが、その後の毎年の上昇は小幅にとどまり、20年前の水準にすら戻らなかった。しかも物価上昇を加味した実質賃金はアベノミクス期でも下がったのだ。

日本人の給料減少は先進諸外国と比較すると際立ってくる。世界的に低成長、デフレと言われ、アメリカもＥＵも日本と同様に中央銀行が経済を刺激するために大規模金融緩和を行ってきた。かの国々も日本と同じように苦しんできたように見えたが、実際は給料と物価が着実に上昇し、20年の間に大きく差が開いてしまった。

本書は、給料が上がらないという問題について7人の識者が論じたものだ。原因は多岐にわたり、それぞれに大変興味深いが、大きく見ると考えさせられる点がある。給料が上がらない原因として、たとえば城繁幸氏は「終身雇用・年功序列賃金制」をあげ、脇田成氏は「企業による過剰な内部留保の蓄積」をあげ、野口悠紀雄氏は「デジタル化の遅れ」をあげている。実は、これらの事象は日本固有のものであるという点だ。しかも問題の根は大変深い。

日本の携帯電話は複雑な機能が付されて海外では通用せず、「ガラパゴス」と揶揄されてきた。日本人の給料も同様に、経済のグローバル化に翻弄されながら日本固有の問題を抱えるという皮肉がある。新政権は果たしてこれらの問題を解決し、日本人の給料を上げることができるのだろうか?

宝島社新書編集部

目次

第一章 社会保険料の増加で手取り年収は300万円台

北見昌朗（北見式賃金研究所所長）

第四章　日本人の給料が上がらない原因はデジタル化の遅れ

野口悠紀雄（一橋大学名誉教授）

第七章　大企業と富裕層に有利な税制が給料格差を広げた

江田憲司（立憲民主党・衆議院議員）

装丁　bookwall
本文ＤＴＰ　一條麻耶子
取材・構成　坂田拓也

序章
先進国の最新「給料事情」
――アメリカの平均年収は20年間で2倍に

坂田拓也（フリーライター）

韓国にも抜かれた日本の平均年収

「NOW★HIRING」（ただいま募集中）――。

アメリカ中東部、バーボン発祥の地として知られるケンタッキー州の町で、郵便物集配人の募集広告が掲示されていた。時給は18・51ドル（2036円）。同様の仕事が日本では時給1000円程度で募集されているため、アメリカの賃金は日本より2倍高いことになる。しかもこの広告はニューヨークなどの大都市ではなく、国内では賃金水準の比較的低い町で掲示されていたものだ。

日本人の平均年収は、金融危機に襲われた1997年をピークとして、現在まで20年以上の長きにわたり減少傾向が続いている。物価も上がっていないため減少を実感することは難しいが、年々上昇してきた諸外国と比べると、日本人の給料の低さが際立ってくる（以下、金額は日本円に換算）。

主要先進35カ国の1997年の平均年収ランキングは、1位のスイスが599万円、2位のルクセンブルクが590万円、3位のオランダが570万円。以下、ア

主要先進国の1997年の平均年収ランキング

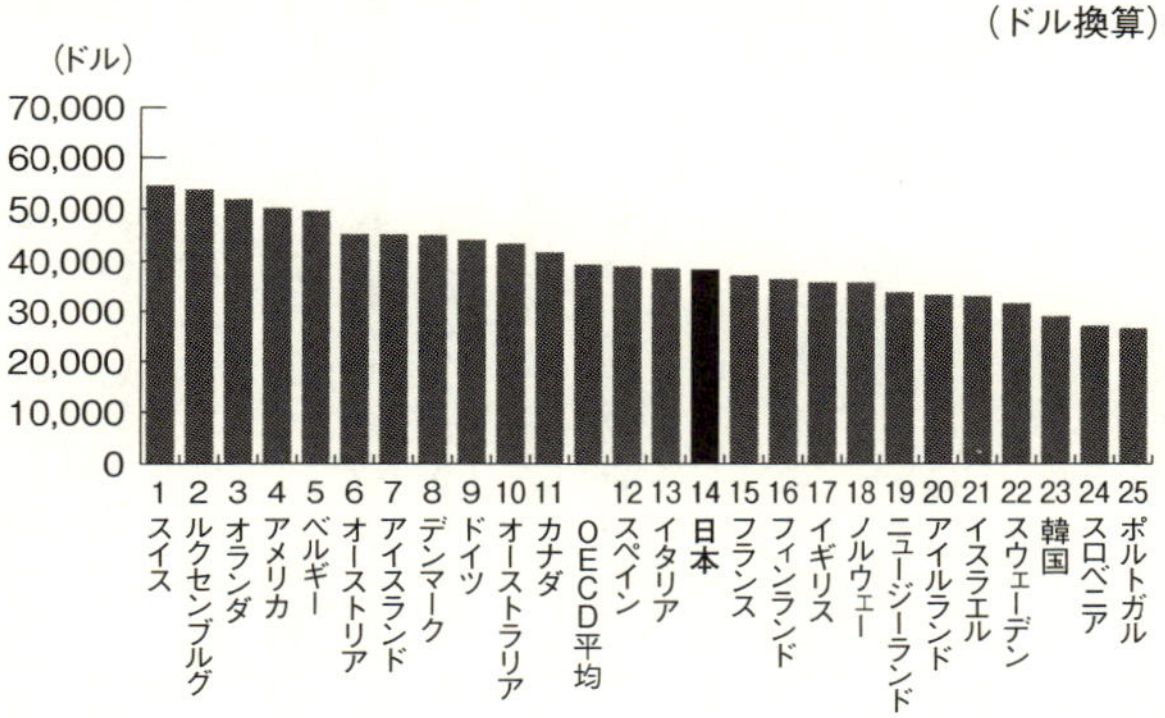

主要先進国の2020年の平均年収ランキング

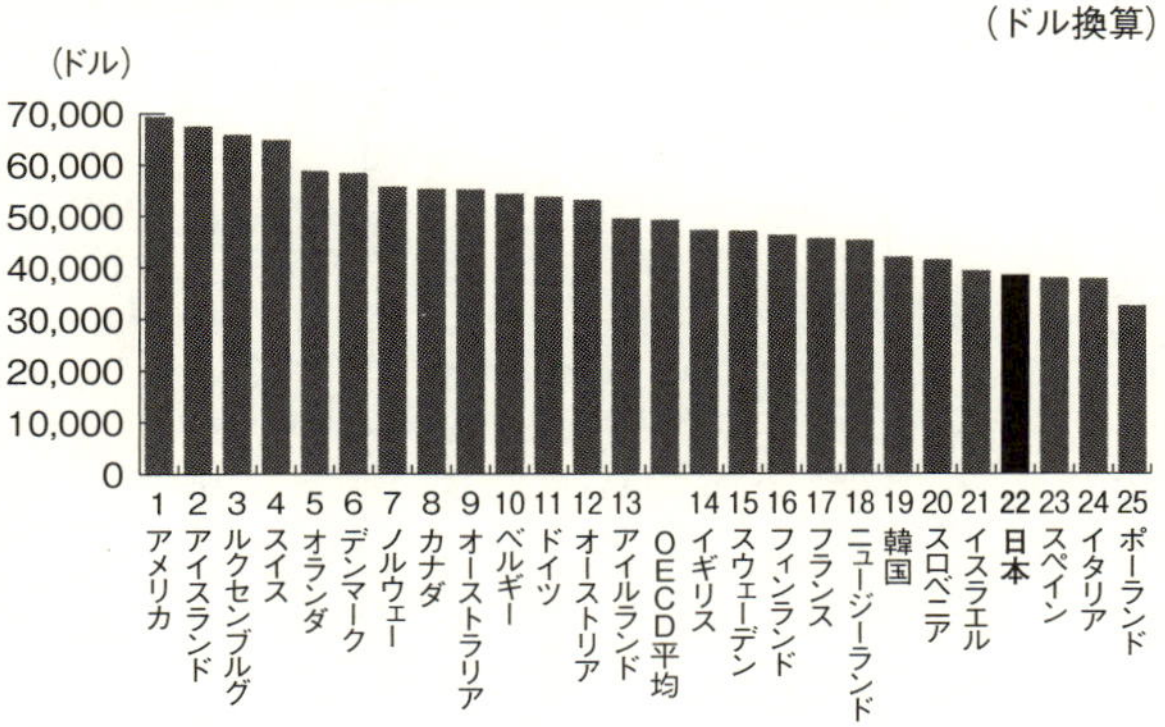

出典：OECD

メリカ、ベルギー、オーストリア、アイスランド……と続き、日本は14位の422万円だった（OECD＝経済協力開発機構の調査、以下同）。

当時の日本はバブル崩壊後だが、平均年収が減りはじめたのは1997年以降のことだ。バブルを迎えて日本経済が世界のトップクラスになり、しかも1997年時点では一人当たりGDP（国内総生産）が世界4位だったにもかかわらず、平均年収は14位に甘んじていたことになる（この点については第二章で城繁幸氏が語っている）。より大きな問題は、日本人の給料がその後上がっていないことだ。

2020年の世界の平均年収ランキングと1997年からの上昇率を見ると、1位はアメリカの763万円（38％）、2位のアイスランドは742万円（49％）、3位のルクセンブルクは724万円（23％）と、1997年に比べて平均年収の額そのものが高くなっている。4位以下、上昇率だけを取り上げると、スイス（19％）、オランダ（14％）、デンマーク（30％）、ノルウェー（56％）、カナダ（33％）、オーストラリア（27％）と続く。

これに対して日本人の平均年収は、1997年から2020年までわずか0・3

%の上昇でしかなく、順位は14位から22位まで落ち、スウェーデン（上昇率49%）、ニュージーランド（同34%）、スロベニア（同53%）、そして韓国（同45%）に抜かれてしまった。

賃金に関するさまざまな国際比較を見ていると、日本が唯一、上昇率が世界一の数値がある。「勤続年数」による昇給だ。製造業の勤続1～5年の平均賃金を100とした時、勤続30年以上の平均賃金を見ると、北欧は100・2～110・5と昇給がほとんどない。欧米諸国は、仕事の成果に応じて給料が支払われる「ジョブ型」が定着しており、北欧は徹底されていることがうかがえる。欧州はイタリアが128・3、イギリスが132・2。ドイツがやや高く154・6となるのは、労組が強くて昇給を求めるためとみられる。

これに対して日本は、勤続30年を過ぎれば実に186まで上がるのだ。日本人の給料は上がっていないが、年功序列賃金制は維持され、先進諸国ではきわめてまれな制度であることがわかる（労働政策研究・研修機構「国際労働比較2019」）。

日本人の給料が上がらない原因については本章で述べられているが、以下、アメリカ、イギリス、ドイツ、イタリアの状況を現地在住のジャーナリストに聞いた。

20年間で平均年収が2倍になったアメリカ

アメリカはグーグル、アマゾンをはじめとした巨大ＩＴ企業が世界を席巻し、ウォール街（金融街）が今も健在だ。

正規雇用のフルタイムワーカーの平均年収を２０００年以降の5年ごとに見ると、４３２万円→５０２万円→５８６万円→６６０万円→７８６万円と猛烈な勢いで上がっている。過去20年間で平均年収は82％増、ほぼ2倍になった（調査会社「スタティスタ」）。しかも世帯年収の中央値は２０１１年以来初めて、コロナ禍の２０２０年に前年比２・９％減少したが（米国勢調査局）、フルタイムワーカーの平均年収は上がった。

ニューヨーク市マンハッタン在住20年超のジャーナリスト、肥田美佐子氏はこう話す。

「大手テック（ＩＴ）企業や金融など成長産業の給料の伸びが目立ち、データサイエンティストなど新しい職種が生まれる一方で、デジタル化の進展により、需要が減少の一途をたどる事務職、旅行代理店業、税務申告作成業、営業、小売り、カスタマーサービスなど、もともと給料が高くない業種の伸びがさらに鈍化し、格差が激しくなっています。高給職は、給料に加えて質の高い医療保険から無料のランチまでさまざまなフリンジベネフィット（福利厚生）が付きますが、低給職はそれも充実していません。連邦法では病休時の有給を義務づける規定がなく、病休すれば無給になる企業もあり、実際の格差はもっと大きいでしょう」

職業別の平均年収を見ると、大学などのコンピュータ科学専門教諭は１０８５万円、データサイエンティスト・数学関連全般は１１４３万円、エコノミスト・経済学者は１３３０万円、弁護士は１６３８万円、歯科医は２０４９万円、家庭医は２３５８万円、外科医は２７６８万円……。

一方で平均年収が低いのは、旅行代理業５１３万円、営業関連５０３万円、簿記・会計・監査事務４８５万円、カスタマーサービス４２４万円、交通機関の運転手４

10万円、小売り店員319万円、調理師全般310万円、ホテル・モーテル受付係296万円……。なお、警察官は770万円、消防士は620万円と比較的高い（米労働省労働統計局2020年5月）。

しかし給料の伸びと同様に物価も上昇している。

ニューヨークは年収2000万円でも「中流層」

「ニューヨーク州の企業に車で通勤している知人のアメリカ人男性上級マネージャーは、年収が推定12万ドル（1320万円）を超えていますが、教育費や自動車価格の上昇、医療保険料の高騰、そして物価の上昇により『家計が苦しい』とこぼしています。マンハッタンの平均家賃は2008年のリーマンショックの影響で2009〜11年に下がりましたが、その後は上がり続け、コロナ禍前の2019年末で3300ドル（36万3000円）です。ニューヨーク市は高額所得者が多く、年収2000万ドル（2200万円）近くても『中流層』に分類されるのです」（肥

田氏）

米ピーターソン国際経済研究所によれば、コロナ禍により２０２０年は失業率が一気に上がったが、今年（２０２１年）に入ると経済が回復、離職やもともとの人手不足により労働市場が逼迫《ひっぱく》して、５～７月のわずか３カ月間で名目賃金は２・８％上昇した。しかし物価の上昇を加味すれば実質賃金は下がったという（２０２１年7月30日付け）。

「都市部では空前の人手不足で賃金がかなり上がりましたが、インフレで食費やガソリン代もどんどん高くなりました。コロナ禍でも経済回復が進むと物価が急激に上昇し、小房にカットされたブロッコリーが一晩で１ドル上がっていたのには驚きました。ニューヨークの一般世帯にとっては、10年前に比べて生活が楽になったという実感はないでしょう。しかしウォール街（金融街）や大手テック企業に勤めるエリート層、または企業幹部になれば話は別です」（肥田氏）

役職別の平均年収を見ると、マネージャー全般（管理職全般）で１３９１万円、なかでもファイナンシャル（金融）マネージャー１６６７万円、マーケティングマネージャー1699万円、コンピュータ・情報システム（IT関連）マネージャー1779万円が高い。

「日本と大きく異なるのは、アメリカでは、差別による解雇を除けばほぼ自由に雇用調整できるため、企業の成長に貢献しにくくなった高給のベテラン社員は解雇される一方で、有能な人材は獲得競争になって給料が上がることです。より大きく見れば、日米格差の背景には移民の存在があります。アメリカでも高齢化は進んでいますが、若く有能な移民が、労働力の頭数として経済を支えているだけではなく、シリコンバレーやニューヨークでイノベーションやスタートアップ（起業）を生み出す源泉になっています」（肥田氏）

イギリスの「金融」は平均年収で2500万円超も

イギリス人の平均年収も年々上昇し、2000年の284万6000円から2020年の475万1000円まで、20年間で約67%上がった。しかし同時に、多少の上下はあるが毎年1〜3%のインフレ（物価上昇）が続いている。

　イギリス在住21年のジャーナリスト、冨久岡ナヲ氏はこう話す。

「雇用の多くが『インフレ分の昇給を保証』という契約になり、年収はインフレ率に応じて上がっていますが、モノの値段や光熱費などの上昇ぶりはそれ以上なので、生活が楽になったという実感はありません。この20年で電車賃は2倍に、平均的な住宅価格は3倍に上がりました。消費税は20%です。若い世代にとって持ち家は夢となり、豊かさを感じているのは高額所得者だけだと思います。イギリスは2008年のリーマンショックでそれまでの好景気が冷え込み、いまだに回復したとはいえません。物価を考慮した給料水準では、30代はリーマンショック前に比べて現在は7・2%低いという調査もあります」

　2020年の職業別の平均年収を低い順に並べると、航空会社のCA245万円、IT技術者378万円、ソフトウエア開発468万円、土木建築471万〜672万円、警察官476万円、車の修理工489万円、公立小学校の教師521万円（休みの間は出勤なし！）、電車の運転手732万円等々……。GAFAは年収が高く、諸手当込みの基本給でグーグルは1178万円、フェイスブックは1344万円にのぼる。
それ以上に高いのが「金融」だ。イギリスは19世紀中頃に国際金融の中心となるが、1980年代の金融ビッグバン以降、ロンドンのシティー（金融街）はさらに成長してニューヨーク、シンガポールと並ぶ国際金融都市となった。投資銀行、ヘッジファンド、保険など金融系の平均年収は1661万～2688万円と他を圧倒している。
「これにボーナスが242万～1億7365万円加わります。基本年俸が日本円で1億円を超える社員がかなりいて、ほかの職業との収入格差が激しくなっています」（冨久岡氏）
公務員は地位や専門によって5段階に分かれて272万～997万円だが、上級公務員になると966万～3142万円と高給取りになり、イギリスの首相（2437万円）より多くもらっている役人は相当数いるという。ちなみに日本の首相は年収約4000万円。日本人の平均年収はイギリス人より100万円近く低いのに、日本の首相はイギリスの首相より1500万円以上高いのである。

マクドナルドのアルバイトは23歳以上が時給1359円、夜間勤務になると2419円まで上がり、スーパーのレジ係は18歳以上で1500円から。

近年の日本では非正規雇用者の増加が問題となっているが、イギリスでは「ゼロアワー雇用（ゼロ時間雇用）」の増加が懸念されている。会社と雇用契約を結んでいるものの、雇用主が要求した分しか働けず、定収入は見込めない契約だ。ロックダウンで失業した人たちがゼロアワー雇用へ流れたため、労働者全体に占める割合は2019年の2・7％から2020年の3・3％まで上昇した。

コロナ禍でイギリスの平均年収が上がった裏事情

一方、コロナ禍で全体の平均年収は逆に上がったという。

「失業者は増えましたが、ロックダウンにより、生活必需品を売るお店や医療関係者などを除いて全員が通勤を禁じられ、自宅をオフィスとして使用する手当てが1

~10%給料に上乗せされた影響があるようです。また、イギリスでは通勤交通費は個人負担で、各人が確定申告により必要経費として計上します。郊外に住んでいると通勤費が収入の3割を占める場合まであり、自宅勤務になって懐に入る額が増えました」(冨久岡氏)

今後、とりわけ平均年収以下の職業のイギリス人に影響するのが、2020年1月末をもってEUから正式に離脱したことだ。

「以前は東欧などから労働者が押し寄せていたため、イギリス経済は低賃金労働者の上にあぐらをかいていました。離脱によりEUから働き手が入れなくなり、人手不足が深刻な農業や運輸の分野では、EU国籍所有者に対して短期労働ビザを与えるなどの対策を採っています。しかし政府としては暫定措置であり、今後は給料の底上げ、職業訓練を含めた教育の充実を目指し、コロナ対策に投じた国費の充填が終われば税率を引き下げ、収入格差を縮めて骨太な国をつくる、という方針を打ち出しています」(冨久岡氏)

ボリス・ジョンソン首相は10月の演説で、コロナ後のイギリスを「high-wage,

high-skill, high-productivity economy（高賃金・高スキル・高生産力経済）」にするという抱負を語った。

生活の豊かさを享受するドイツの勝ち組企業と管理職

「ドイツ連邦統計局によれば、1991年から2020年までの約30年間、ドイツの平均年収は比較的安定して毎年数%上がり、前年比で減少したのは1997年、2003年、そしてコロナ禍の昨年の3回だけです」

ドイツ在住30年のジャーナリスト、田中聖香《みか》氏はこう話す。

ドイツでは1991年から2019年までに名目賃金は60・7%上昇した。この間の消費者物価は48・1%上昇したため、物価の上昇を加味した実質賃金の上昇率は12・6%となる。2000年から09年までは物価上昇率が名目賃金の伸びを上回ったが、2010年以降は名目賃金の伸びが上回っている（連邦政治教育センターの資料を参照）。

２０２０年の平均月収は、前年比０・７％減の38万６５００円（税込み、ボーナス含まず）。特徴は、業種により差が大きいことだ。１位の金融・保険は70万９０００円、２位の情報・コミュニケーション（ＩＴ関連）は66万９０００円、３位のエネルギー供給は65万２０００円と続く。逆に平均月収が低いのは流通の46万６０００円、建設の45万円、運輸・倉庫の40万４０００円で、一番低いホテル・飲食業は22万９０００円まで下がる。

「ボーナスにも差が出るため、平均年収はもっと差が出るとみられます」（田中氏）

近年の上昇率にも差があり、２００７年から19年まで全業種平均で28・９％上昇したが、トップの金融・経済関係サービスと不動産は33・７％、保健・福祉は30・２％と平均を上回った一方、運輸・倉庫は21・６％、エネルギー供給は20・１％と伸び率が低い。

ドイツは製造業大国であり、優れた中小企業の多いイメージだが、金融グローバル化の波はここにも及んでいることを示している。

金融と並んで不動産業の給料の伸びが大きいのは不動産価格の上昇がある。フランクフルトのマンション価格は、２０１６年から20年までの間、インフレ率を考慮した実質価格で毎年10％上昇したという（スイスＵＢＳ銀行）。

新築ワンルームマンションの家賃が10年で約2倍に

「この10年は、とにかく不動産価格が上昇しています。実需だけではなく、不動産投機も増えているようです。デュッセルドルフのわりと中心部で、１９５５年築、改装済み、敷地６００㎡（１８２坪）・居住面積１３８㎡（42坪）、決して豪邸ではない戸建てが94万８０００ユーロ（1億１８５０万円）で市場に出ています。金利がゼロパーセントに近いためローンが組みやすいという利点はありますが、若い人が結婚して子どもが生まれた時、まとまった資産がなければ郊外に家を買うことが難しくなっています」（田中氏）

賃貸マンションの家賃値上がりも激しく、人口１００万人の町ケルンでは、新築ワンルーム（28㎡）の家賃が日本円で10万円近い金額になり、「20年前にはありえず、

2倍近く高くなった印象です」（田中氏）という。
物価でいえば不動産価格の高騰のほかに、もともと高かった外食費がさらに上がり、ガソリン代が上がり、脱原発のための負担金が上乗せされて電気料金が高くなった。一方で、「ここ10年、スーパーの食料品が上がったという印象はありません。日本へ帰国すると、野菜が高いと思ってしまいます」（田中氏）
賃貸物件の家賃高騰は〝引っ越し難民〟を生んでいる。
「都心部を中心として全国的に物件が不足し、家賃を上げても借り手がつくため平均家賃がどんどん上がるという悪循環です。ケルンでは、比較的安い賃貸マンションの広告に100人近く応募してきたそうです。ドイツでは家を借りる時に与信証明を提示することを求められ、家主がそれを見て断るケースが多く、引っ越したくても引っ越せない人たちが増えているようです」（田中氏）
戦後の経済成長により、日本と同様に中産階級大国となったドイツにも格差が生まれている。所得中央値の半分未満の所得の人の割合（相対的貧困率）は5・4％まで増えた。日本の15％よりまだマシだが、分厚かった中産階級層は薄くなり、低所得者に対する食糧支援に並ぶ人の数が増え、中東などからの難民もそこに加わる。一方で、所得中央値の200%以上の所得の人の割合は8%にのぼり、数値の上では貧困層より富裕層のほうが多いという見方もできる。

2022年のGDP成長率は4・8%に上方修正

日本の東京一極集中と異なるのは、ドイツは地方分権が進んでいることだ。ハンブルグ、ミュンヘン、フランクフルト……と全国16州のそれぞれの都市が発展している。自動車メーカーの本拠地も、フォルクスワーゲンはヴォルフスブルク、ダイムラーはシュトゥットガルト、BMWはミュンヘンと分かれている。

そして都市郊外に古い住宅地で敷地200~300坪、新興住宅地でも120~180坪の戸建てが広がり、車での通勤が主流となっている。勤務地まで50キロ離れていることも珍しくないが、アウトバーン（高速道路）が整備されているため渋滞がなければ1時間以内で着く。始業の基本は朝8時だが、フレックスを利用して

7時から働く人も多く、管理職など一部を除けば16時か17時には帰途へ着く。そして夏休みは2週間、イースター（復活祭）、クリスマスの休暇も1週間取る。

「低所得者の数は増えているようですが、金融、ITなど勝ち組企業に勤めていたり、管理職に昇進した人たちは豊かさを享受しているように見えます。国もコロナ危機以前まで財政黒字を維持し、経済はしぶとく安定しているという印象で、危機感はありません。先日、第4四半期（9〜12月）のGDP成長率は半導体チップ不足により下方修正されたものの、2022年通年の見通しは3・9％から4・8％へ、逆に上方修正されました」（田中氏）

平均年収が低位で安定しているイタリア

先進諸国の平均年収は軒並み上昇しているが、イタリアは1997年から2020年まで、わずか2・2％だが平均年収の下がった数少ない国である（OECD）。

2007年からミラノに住むフリーランスライターの佐武辰之佑氏はこう話す。

「ここ数年の平均年収は2018年が370万円、2019年が367万円で微減。2020年はコロナ禍により、政府統計局によればGDP成長率は8・9％減少と大幅なマイナスで、平均年収も下がったとみられます」

イタリアのGDP成長率は1990年以降の10年間は1～2％台で推移し、2000年以降は水準が落ちて0～1％台、リーマンショックの翌2009年はマイナス5・28％、その後も2013年、14年と連続してマイナス成長だった。成長の水準は落ち、マイナス成長があるにもかかわらず、平均年収の推移は驚くほど安定している。

「イタリアは中小企業を中心とした経済です。日本のように新商品・新製品を打ち出して購買意欲をかき立てるということはあまりなく、スーパーで販売されている商品は10年前からほとんど変わっていません。一般的に、事業を興して成功するというモチベーションが低く、また、その需要も小さいように思えます。中小企業は手元にあるお金でやり繰りして、ある程度安定していることが給料が変わらない理由だと思います」（佐武氏）

格差に対する考え方も日本と大きく異なる。

「イタリアでは、お金持ちの家に生まれたか、それ以外かで住む場所も環境も違うということが何百年と続いてきたため、格差について大きく取り上げられることはありません。あきらめているというより、違うという意識が根付いているようです」（佐武氏）

職業別の平均年収を高い順に並べると、医師938万円、金融サービス523万円、製薬・バイオテクノロジー491万円、エンジニアリング478万円、石油・ガス476万円、ユーティリティー（電気・ガス・水道等）402万円、プロセス産業（鉄鋼、石油精製等）389万円、製造業379万円、貿易業357万円、建設業331万円、農業が低く297万円。

「日本の終身雇用・年功序列賃金制はイタリアにはなく、単純労働者は勤続年数や年齢が増えても給料は上がりません。給料を上げるためには、技術や経験を積み、より高い役職に就かなければいけません」（佐武氏）

役職別の平均月収を見ると、一般従業員は19万5000円、マネージャー（課長クラス）は30万6000円、エグゼクティブ・マネージャー（部長クラス）は52万1000円と上がっていく。

イタリアでは、ミラノ、ベネチアなどの北部は製造業や繊維業が発達し、ナポリやシチリア島などの南部は現在も農業・漁業を中心として、給料でも南北格差がある。北部の平均年収379万円に対し、南部および島嶼《とうしょ》部は331万円と大きく差が開いている。

「1999年に通貨ユーロが導入された時は、給料はそのままで物価が2倍に上がって大変だったようですが、コロナ禍前の10年間は物価が上がったという印象はありません」（佐武氏）

残業なし、バカンスは最低2週間

昨年（2020年）9月、佐武氏はスーパーで割引きされた生ハムのスライスの価格をブログで紹介しているが、154グラムで2・14ユーロ（268円）。東京のスーパーを覗くと同じグラムに換算すれば400～600円はする。野菜や果物は日本の半額程度、肉も日本より安く、一方で魚介類は高いという。
「日本では食材を買って料理を作るより、外食したり持ち帰りしたほうが安くなる印象ですが、イタリアではファストフードチェーンが盛んではないし、価格競争がないためか外食が高い。ピザ一切れと飲み物で最低10ユーロ（1250円）、食事に行けば一人50～60ユーロ（6250円～7500円）はかかります」（佐武氏）
イタリアの消費税は21％と高率だが、穀物類など必要最低限のものは5％への軽減措置が採られている。ちなみに日本の寿司はスーパーに並んでいるほど普及し、日本食レストランはミラノ近郊で300軒近くあるが、90％以上は中国人が経営しているという。
「イタリアの平均年収は確かに低いかもしれませんが、日本に比べて家屋が老朽化しないため多くの家族は昔から所有している家があり、給料が低くても生活できる大きな要因だと思います。日本と大きく異なるのは、残業は基本的にないことと、夏になればほとんどの職種で最低2週間のバカンスに行くことです。私は今でも馴《な》染《じ》めませんが、皆が海に行くのでイモ洗いのようになります。給料に不満はあるかもしれませんが、かといって猛烈に働くということはなく、仕事は人生の一部であるということです」（佐武氏）

30代後半で年収8000万円超の欧米系金融機関

これまで見てきたアメリカ、イギリス、ドイツで平均年収がとりわけ高い業種が「金融」だ。この金融とは日本の銀行や証券会社とは異なり、債券売買や企業M&Aの仲介に特化した投資銀行や、投資家の資金を集めて運用するヘッジファンドなどを指している。この20年、日本のメガバンクや大手証券会社は投資銀行業の強化を目指し、新規部門の開設や海外金融機関買収を進めたが、現在まで成功しているとは言い難い。

海外の「金融」と日本の金融機関の給料を比較しても実態は見えにくいが、たとえば三井住友銀行の初任給は大卒総合職で20万5000円（公式サイト）。昇給も遅く、「年収が1000万円を超えるのは30歳を過ぎてから、2000万円を超えるのは40代後半の執行役員クラスに昇進してから」（国内金融機関社員）であり、みずほ銀行の平均年収は729万3000円（対象約2万8000人、平均勤続年数14・5年、平均年齢38・1歳）。

メガバンクも大手証券会社も国内では平均年収は高いほうだが、欧米系金融機関の年収はケタが一つ違う。トップクラスの欧米系金融機関の元役員が基本給を明かしてくれた。

「ベース（基本給）は、新卒1年目で750万円、2年目で900万円、3年目で1000万円。これにボーナスが付くため年収は1年目で1000万円を超えます。外資系はパフォーマンス解雇（成績不振による解雇）のリスクがありますが、よほどのことがない限り3年間は解雇されません」

4年目以降は昇進に差が出てくるが、アシスタント・ヴァイス・プレジデント（係長クラス）となり、1200万円→1350万円→1500万円と上がり、ボーナスを加えれば20代後半に年収が2000万円を超える。その後ヴァイス・プレジデント（課長クラス）となり、1700万円→1800万円→2000万円と上がる。30代後半になるとボーナスに大きな差が出るため年収はバラバラになるが、8000万円を超える人も少なくないという。

日本の金融機関との違いはボーナスと福利厚生

何よりも日本の金融機関との大きな違いは、ボーナスが完全に業績に連動するうえに、その額が大きくなると、現金と自社株に分け、各社によって長短あるが数年程度の分割払いにする「ディファード・ボーナス」の存在だという。

「会社側としては分割にしてその間は社員を引き留められる効果があり、社員としては、株価が上がれば自分の資産も増えるため、モチベーションが高まる効果がある。若くして資産が得られ、次の人生を考えることもできます」（元役員）

もう一つ、フリンジベネフィット（福利厚生）も大きく異なる。日本国内で、外資系金融機関の若い社員が港区や千代田区の高級マンションに住んでいるのは、社宅制度の恩恵という。

「家賃の本人負担は半分程度。若い社員でも25万円の負担で家賃50万円のところに住めるため、日本の金融機関の社員よりいいところに住めるのです」（元役員）

日本の税制では、会社が社員に対して無償で社宅を提供すれば家賃相当額が給与として課税される。しかし会社が社員から家賃相当額の50％以上を受け取っていれば、会社負担部分は給与として課税されないため、会社側にもメリットがある。そしてこの規定には家賃の上限が明確に示されていないため、外資系は目一杯利用している。

「日本の企業がこの税制を最大限利用しない理由は、社員に差がつくことを避けているのかもしれませんが、これだけで外資系と日本企業の待遇には数百万円の差が出るのです」（元役員）

世界展開している欧米系金融機関は、本社でも各国の現地法人でも基本給は一律という。株式市場が好調でM＆Aが活発なアメリカではボーナスが高くなるなど違いが出るが、ほかに物価と税金を加味して国によって上下する。

「日本に比べてシンガポールや香港は所得税などが低いため、ベース（基本給）は2、3割ほど低い。逆に、日本は所得税が高いため人件費が相対的に高くなり、雇用する人数を絞られます。しかも日本は源泉徴収されるため個人として経費がほぼ計上できません。所得税は累進で課税されるのに、年収1億円でも数百万円でも経費がほぼ認められないのはおかしいでしょう」（元役員）

なお、アメリカでは市場環境が良く人材の獲得競争が激しくなっているため、今夏、ゴールドマンサックスは大卒の初任給（基本給）を11万ドル（1210万円）、モルガン・スタンレー、シティグループなどは10万ドル（1100万円）に引き上げたと米メディアが報じた。

最低賃金の引き上げが経済成長をけん引する

給料に関してはもう一つ、近年は世界的に「最低賃金」の重要性が高まっている。最低賃金はこれまで軽視され、定めていない国も少なくなかった。しかし最低賃金を定めてその額を引き上げていくことは、所得水準の底上げ、低所得者支援にかかる社会的コストの削減などにより、経済成長に資すると考えられるようになった。最低賃金の引き上げは中小・零細企業の人件費増につながって経営悪化を招くものでもあり、事業主からは反発が出る。経済成長が先か、最低賃金の引き上げが先かは論争もあるが、先進諸国は引き上げに舵を切っている。

日本の最低賃金は、毎年、国の中央最低賃金審議会が引き上げ額の目安を提示し、各都道府県がそれを基にして引き上げ額を決めている。2012年に発足した安倍政権は、春闘に介入して賃上げを求めるとともに、最低賃金の引き上げを進めてきた。これにより全国加重平均額は、2012年の時給749円が毎年2〜3%ずつ引き上げられ、2021年に930円まで上がった。

先進諸国も最低賃金の引き上げを進めている。労働政策研究・研修機構が調査した主要先進国の動向から概観しよう(2021年6月)。

イギリスでは、1993年に賃金審議会が廃止されて賃金の下限がなくなると、低賃金労働者の賃金水準が低下し、戦後最悪と言われるほど貧困家庭の児童が急速に増加した。その対策として政府が就労連動型の給付制度を導入すると、多くの事業主が給付制度を最大限利用したため、国の財政負担が増した。この反省もあり、1999年に全国一律の最低賃金を導入した。2021年4月現在、最低賃金は時給1345円＝23歳以上。政府は2024年までに、イギリス人の賃金の中央値の3分の2相当の水準まで引き上げることを目標としている。その額は2024年時点の全体の賃金水準に左右されるが、時給1614円と試算されている。

ドイツでは2015年1月に全国一律の最低賃金が導入され、時給1062円に定められた。21年1月以降は半年ごとに引き上げ、22年7月までに時給1306円にすることが決まっている。20年6月、ドイツ労働組合総同盟の幹部は、「今後2年間の引き上げで労働者の財布を潤す額は20億ユーロ（2500億円）弱となり、私たちが要求する（時給）12ユーロ（1500円）への一歩である」と話した。

この「12ユーロ」は、ドイツ人の賃金の中央値の60％に当たる。イギリスの目標と同様、60％を下回る場合は「貧困に対して脆弱《ぜいじゃく》な賃金水準」との判断をEUが示したことに準じたものだろう。

シアトル市の最低賃金は1836円

アメリカでは連邦政府が連邦最低賃金を決めているが、州や市が独自に最低賃金を決めることもできる。連邦最低賃金は2009年に設定した798円が現在まで据え置かれているが、半数以上の州で独自に決めた最低賃金がそれを上回っている。近年は引き上げが進み、コロンビア特別区とニューヨーク市で1650円、サンフランシスコ市では1768円、シアトル市では1836円となっている。

アメリカでは、2012年に低賃金に反発するファストフード店でのストライキが「ファイト・フォー・フィフティーン運動」として全国に広がり、「生活できる賃金」として時給15ドル（1650円）を求めた。この運動は介護、保育、空港、洗車、小売などへ広がり、最低賃金引き上げに影響した。2021年1月に誕生したバイデン政権は、2025年までに連邦最低賃金をその15ドル（1650円）に引き上げる準備を進めている。

米連邦議会予算局は2021年2月のレポートで、引き上げにより直接的に17

00万人の労働者が、間接的に1000万人の労働者が恩恵を受け、賃金総額の増加分は36兆3000億円になるとした。また一方で、一部の企業がテクノロジーや自動化に投資するため140万人の雇用が喪失するが、貧困層は90万人減少して低所得者向けの支援コストは縮小する、と分析した。

アメリカが目指す最低賃金に日本が追いつくまで17年かかる

前述のとおり日本の最低賃金は全国加重平均で930円まで上がったが、都道府県別では、1000円を超えたのは東京（1041円）と神奈川（1040円）の2都県、900円台が8府県で、残り37道県は800円台だ（厚労省）。

仮に、時給850円で1年間（2000時)働けば年収は170万円。時給1836円のシアトル市で1年間働けば367万2000円となり、その差は実に197万2000円にのぼる。これではアメリカへ出稼ぎに行く日本人が増えても不思議ではない。しかし最低賃金の引き上げには時間がかかる。日本の引き上げ率は年

2〜3%で、昨年はコロナ禍により引き上げ率は0・11%にとどまった。現在の930円をバイデン政権が目指す時給1650円まで引き上げるためには、年3%引き上げても17年かかる。

韓国でも全国一律の最低賃金が決められている。2017年に就任した文在寅大統領は早々に、2020年までに時給950円に引き上げるとした。そして18年に16・4%、19年に10・9%の大幅な引き上げを実現したが、中小・零細事業者から悲鳴が上がり、20年は2・87%、21年は1・5%と引き上げ率が大幅に下がった。現在は時給828円。それでも2010年の390円に比べて10年間の上昇率は210%となり、韓国人の平均年収が日本を抜いた原動力となったとされる。

（1ドル110円、1ユーロ125円、1ポンド151円、1ウォン0・095円で計算）

さかた・たくや●大分市出身。明治大学法学部卒業。1992年にサンパウロ新聞（サンパウロ）記者、97年〜2004年『財界展望』編集記者。フリーを経て08年〜18年まで『週刊文春』記者。現在、フリー。

第一章

社会保険料の増加で手取り年収は３００万円台

北見昌朗
（北見式賃金研究所所長）

政府の統計によれば、1990年代前半のバブル崩壊後の30年間で、日本では長い好景気が2回あった。2002年2月に始まる「いざなみ景気」は2008年2月まで実に73カ月間も続き戦後最長を更新した。2008年にリーマンショック、2011年3月に東日本大震災に襲われたあと、2012年12月に始まる好景気は2018年10月まで71カ月続き、いざなみ景気を上回る勢いだった。しかしこの間、日本人の給料は長期減少傾向が続いたため、多くの人たちが好景気を実感できなかった。長年にわたり賃金の動向を見続けている北見氏によれば、とりわけ1997年の金融危機後の10年間の給料減少は激しかったという。そして、安倍政権は雇用者数の増加と給料総額の上昇をもってアベノミクス成功を喧伝したが、内実を見ると様相は異なるのだ。

（取材日：2021年8月20日）

――この30年間で日本人の給料はどの程度減少したのでしょうか？

北見　公的機関と民間を合わせて賃金の調査はさまざまありますが、一番信頼できるデータは毎年11月頃に公表される国税庁の「民間給与実態調査」です。非課税の通勤手当を除いて、年末調整後の給与と賞与の合計が算出されているからです。

これによれば、正規と非正規を合わせた日本人の平均年収は、1997年の467万3000円をピークとして下り坂を転げ落ち、リーマンショック翌年の2009年には405万9000円まで下がりました。約10年間で年収は61万円減り、減収幅は1カ月で5万円を超えたのです。

その後、2010年、11年、12年が底となり、第二次安倍政権が発足して2013年から上昇に転じ、2018年までの6年間で平均年収は440万7000円まで上がりました。しかし、上昇に転じて給料が上がり続けたとはいえ、2018年の平均年収はピークの1997年より約30万円も低いのです。

2019年は若干落ちて436万4000円。これは同年10月に消費税が8%から10%に増税された影響があるかもしれません。コロナ禍の影響を受けた2020年の平均年収は、国税庁の9月の公表によれば、前年から0・8%減って433万円でした。しかし9月の公表は概要だけです。11月に公表される詳細を見れば、より深刻な面が見えてくるかもしれません。

１９９７年以降、日本人の給料は長期的に見れば減少傾向が続いており、まさに〝失われた20年〟と言えるのです。

――北見さんは著書『消えた年収』（文藝春秋）で、とりわけ１９９７年からの10年間はひどい状況が続いたと指摘しています。

北見　勤続年数1年未満の人も含む勤労者が受け取った給料の総額は、１９９７年の２２０兆円が２００７年には２０１兆円まで減り、10年間で約20兆円消えました。文字どおり〝消えた年収〟です。そしてこの10年間で、年収３００万円以下の人の割合は32・2％から38・6％へ6・4ポイントも増えました。この数字を見ると低所得者が増えて、いわゆる格差が開いた印象を持つかもしれませんが、実はそうではなく、年収１０００万円超の人数も減っています。この期間は日本全体で低所得化が進んだのです。

私の地元の名古屋市は、この期間、自動車産業がけん引していち早く景気が浮揚

過去30年間の平均年収推移

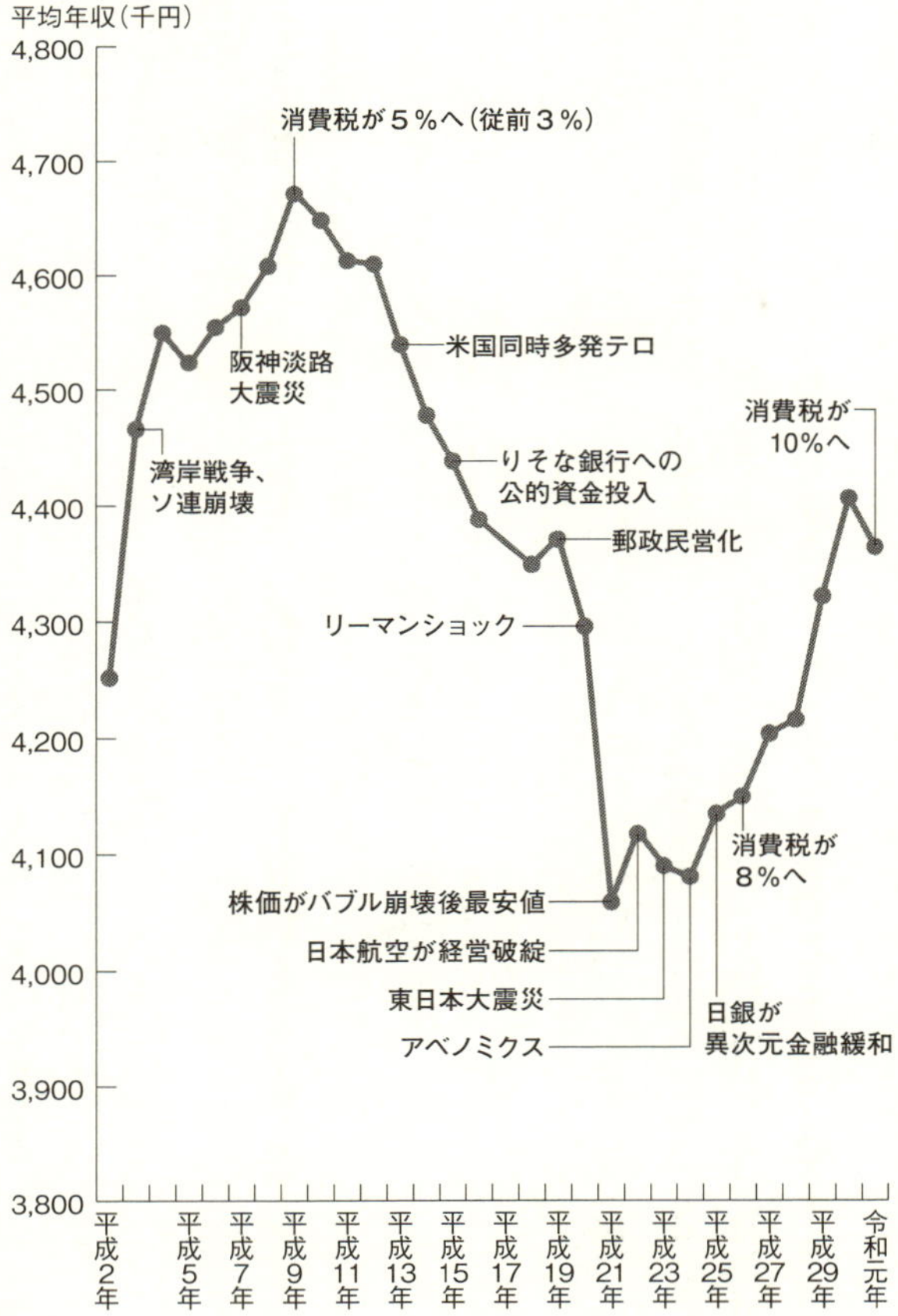

(出所)㈱北見式賃金研究所作成

したと見られていました。しかしそれは先入観であり、実態は異なることがわかりました。あの頃は新聞を開けば自動車関連産業の求人広告が溢れていましたが、少なからず驚いたのは自動車産業に従事する人の数は増えていなかったことです。

国税庁が発表する給与調査は、全国12の国税局ごとの集計や、おおまかな業種ごとの集計も行っています。これを見ると、自動車産業が含まれる「金属機械工業」の分野に従事する人数は、東海地方では100万人からほぼ横ばいで増えていません。逆に「サービス業」は14万人増えていました。自動車関連工場に非正規雇用者を派遣する人材派遣業はサービス業に含まれます。要するに自動車産業で非正規雇用者ばかりが増えたと推測できるのです。

東海4県（静岡、愛知、岐阜、三重）を管轄する名古屋国税局管内でも、1997年から2007年までの10年間で、給料の総額は1兆3000億円減りました。そして年収700万円を超えていた人の割合は17・4％から13・6％に減り、逆に、年収300万円以下の人は31・5％から36・6％まで増えました。総じて低所得化が進んだのです。

しかし唯一、平均年収の上がった人たちがいます。それが5000人以上の事業所で働く男性です。大企業で働く男性はこの期間、人数こそ33万人から31万人まで減りましたが、平均年収は716万円から735万円まで増えました。名古屋における景気浮揚の実態は、ごく一部の人だけが享受したということなのです。

――名古屋だけではなく、金融危機が収束したあとに日本では大企業を中心として企業の業績は改善し、2002年2月に始まる「いざなみ景気」は戦後最長を更新して73カ月間続いたはずですが……。

北見　全国で見ても、この恩恵にあずかったのは大企業の一部の人たちだけでしょう。1997年の金融危機のあと、大企業は正社員の数を抑制し、給料の低い派遣社員など非正規社員を増やしました。リーマンショックが起きるとこうした非正規社員は切り捨てられ、2008年末からの年越しでは、生活困窮者のために東京の日比谷公園に年越し派遣村ができたのは周知のとおりです。

ちなみに先ほど、賃金の調査はさまざまあると言いましたが、アテにならないのが、公務員の給料に反映される人事院の民間給与実態調査です。これによれば、勤労者の年収は1997年からの10年間で2万1000円も上昇したことになっているのです。この調査は対象企業を抽出して調査員が実地調査しているのですが、公務員の給料を上げるために民間企業の給料が上がったと見せかけたようにしか思えません。

アベノミクスで拡大した格差

――安倍政権発足以降に平均年収が上昇に転じたということは、アベノミクスはある程度成功したのでしょうか?

北見　安倍政権は賃金を引き上げるために官製春闘を実施して、政策として最低賃金の引き上げも続けました。その効果はあり、平均年収が上昇に転じたことに加え、正規従業員の数は2012年の3012万人から2019年の3485万人まで473万人も増えました。正規従業員の平均年収は、同期間で468万円から505万円まで37万円増えています。

しかし、アベノミクス以降は大企業と中小企業、または東京と地方などの格差が開きました。国税庁の統計では、資本金に応じて企業を分類しています。一番大きい企業群が資本金10億円以上（大企業）で、一番小さい企業群は資本金２０００万円未満（中小・零細企業）です。両者を比べると、大企業の平均年収は２０１２年の６５３万円が２０１９年には７０５万円まで増えており、中小・零細企業の平均年収も同様に同期間で３５９万円から３９５万円まで増えているのですが、その差は２９５万円から３１１万円に開いたのです。そして大企業の平均年収７０５万円に対し、中小・零細企業の平均年収は３９５万円。割合にして56％であり、大企業の半分です。

――北見さんは、社会保険労務士として長年にわたって顧客企業の従業員の給料を見てきましたが、実感としてはどうでしょうか？

北見　さまざまな格差が改善されている印象はまったくありません。たとえば企業の内部留保の積み上がりが時に問題視されますが、アベノミクス以降、大企業では内部留保がガツンと積み上がる一方で、中小企業は内部留保できるほど利益は出ていないのです。

また、国税庁の民間給与実態調査は各国税局管内地域ごとの数字が出ますが、全国12の国税局ごとに見ると、明確に格差が開いたのです。

全国の平均年収は2012年から2018年までに32万7000円増えましたが、平均年収が増えた1位は東京国税局管内（東京、神奈川、千葉、山梨）で40万2000円増、2位は札幌（北海道）で38万6000円増、3位は沖縄（沖縄）で37万4000円増。全国平均よりも増えたのはこの3国税局管内だけで、東京の一極集中が見て取れます。札幌と沖縄が増えたのはいわゆるインバウンドの影響かもしれません。

続けると、4位の名古屋（愛知、岐阜、静岡、三重）は31万9000円増、5位の関東甲信越（埼玉、茨城、群馬、栃木、新潟、長野）は30万円増。そして以下は30万円を割り、6位の広島（広島、岡山、山口、鳥取、島根）は28万8000円増、7位の大阪（大阪、兵庫、京都、滋賀、奈良、和歌山）は27万8000円増、8位の仙台（青森、岩手、宮城、秋田、山形、福島）は24万9000円増、9位の金沢

正規従業員の人数および平均年収の推移

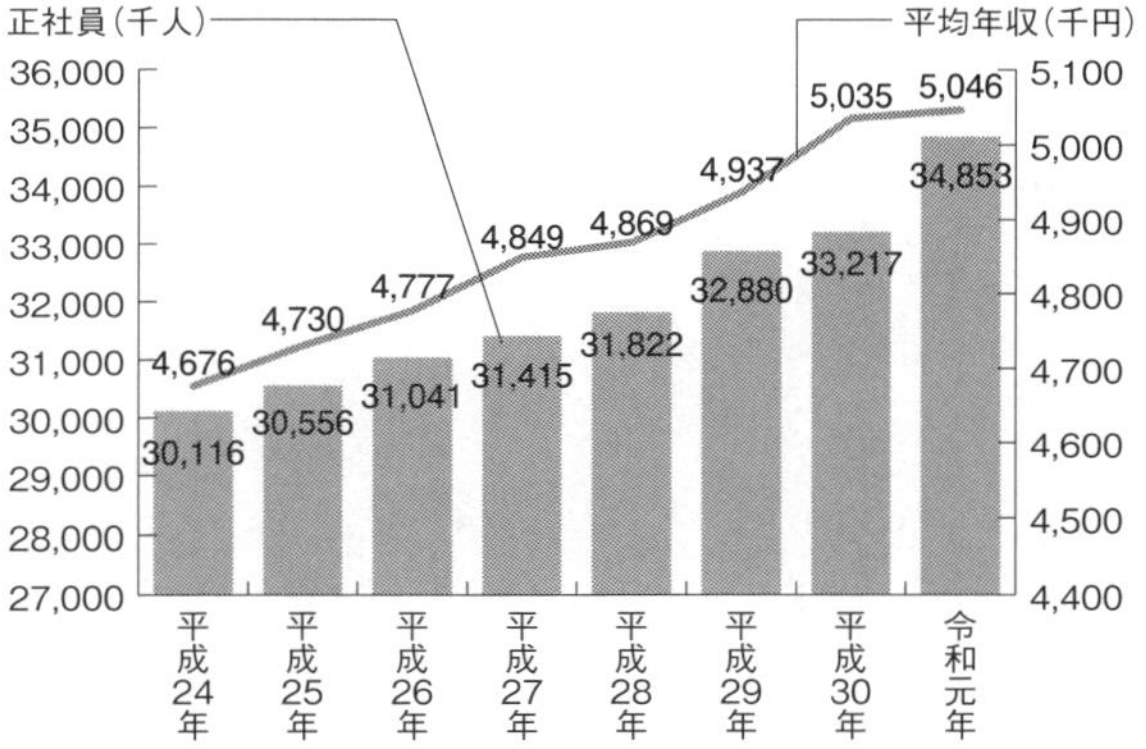

（出所）㈱北見式賃金研究所作成

1年勤続者（正規）の企業規模別平均年収

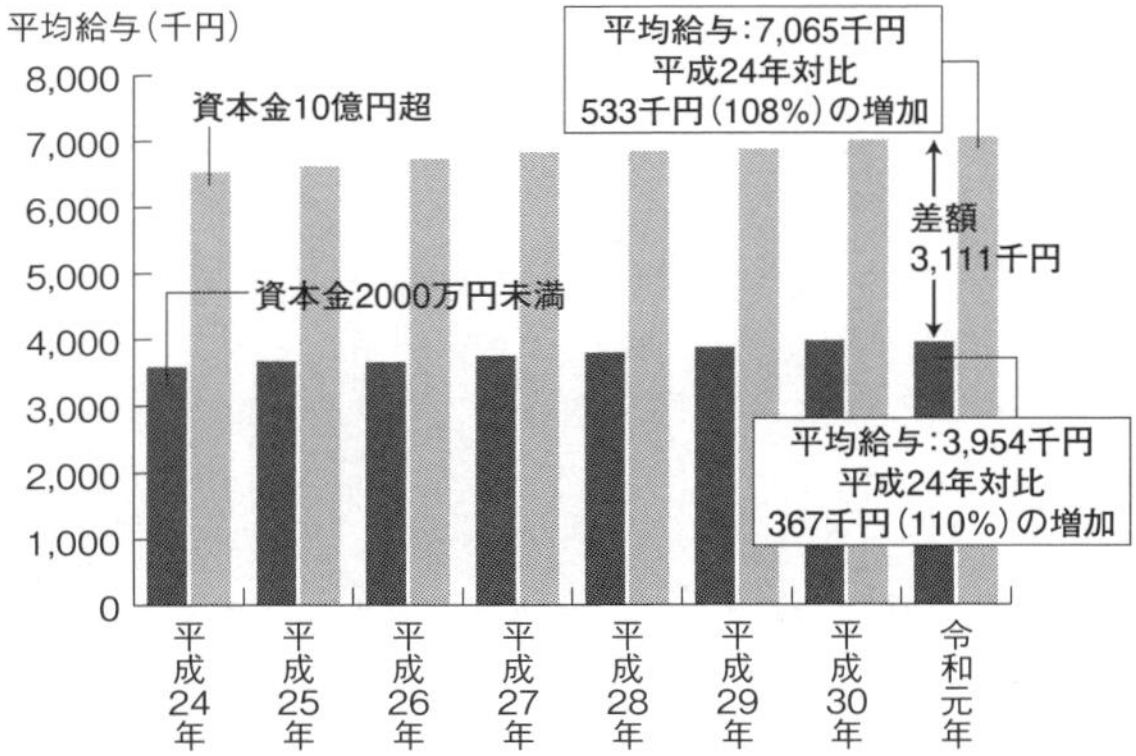

（出所）㈱北見式賃金研究所作成

（富山、石川、福井）は24万7000円、10位の熊本（熊本、大分、宮崎、鹿児島）は24万4000円増。そして増加額20万円を割るのが11位の福岡（福岡、佐賀、長崎）の19万円増、最下位の高松（徳島、香川、愛媛、高知）の18万3000円増です。福岡と高松に至っては東京の半分も上がっていません。

また、男性と女性の格差は相変わらず大きく、しかもその格差は開いている傾向が見えます。2018年の男性の正規従業員の平均年収は560万円ですが、女性の正規従業員は386万円でしかなく、男性の約7割です。そして2012年から18年までに男性は39万4000円増えているのに対し、女性は36万4000円しか増えていません。

アベノミクスにより平均年収は上昇に転じて正規従業員が473万人増えたため、一見すればある程度成功したように見えますが、東京と地方、大手と中小、そして男性と女性の格差は開きました。アベノミクスの利益は東京の大企業が独り占めしたように見えます。しかし繰り返しますが、それでも1997年のピーク時に比べればまだ30万円も低いのです。

中小企業を直撃した求人難

――大企業と中小企業、東京と地方、男性と女性……こうして格差が開いた原因は何ですか?

北見　中小企業で言えば、皮肉にも見えますが大きな原因は求人難です。中小企業の間では2014年頃に求人難の兆候が見られ、16年、17年は求人難の話題ばかりでした。

アベノミクス以降の正規従業員の数は8年間で473万人増えましたが、その間に中小企業で深刻になったのが求人難でした。とくに若い人を採用できないため、仕方なく初任給を上げたのです。[※1]しかし中小企業では全体の人件費を上げるほど利益が出ないため、中高年の昇給を止めることになる。この間、中高年の昇給がゼロになった中小企業を多く見てきました。それでも初任給を上げた分を吸収できないため、出血しながら給料を出しているというイメージです。

とにかく問題は若い人材の求人難です。初任給を上げて採用できてもすぐに辞めてしまう。若い人を採用できないため、工場などではベトナム人などの外国人労働者が増えたのは周知のとおりです。若い人材は外国人労働者で占められ、一方で日本人の従業員はどんどん高齢化して60歳、70歳になっても働いており、中小企業では従業員の平均年齢が40歳を超えるところが少なくありません。

人件費により赤字になった企業も少なくありません。一番危ないのは、赤字が2期連続で続いてコロナ禍を迎えた中小企業です。コロナ禍で3期連続赤字となり、ましてて債務超過に陥ってしまえば銀行も救ってくれないでしょう。コロナ対策として、無利子・無担保のいわゆるゼロゼロ融資が実行されたため、しばらくは潰れません。それにこうした中小企業に融資している地方銀行は地元の評判があるため、しばらくは潰さないでしょう。しかし、地方銀行でも行内格付けによってこうした企業は「要懸念先」とか「破綻懸念先」にすでに分類されているし、潰す企業はリスト化されていると思います。

最低賃金の引き上げも影響

――安倍政権以降は国策として最低賃金を毎年2～3％引き上げ、全国加重平均額では2012年の時給749円が2021年には930円まで上がりました。中小企業にとって最低賃金引き上げも経営の重しになっているのでしょうか？

北見　これだけカンカンカンと最低賃金が上がった影響は大変大きい。ここ数年は毎年20円ずつ上がり、最低賃金で雇用しているパートタイマーの時給が上がったことに加え、正社員の給料も若干は上げたからです。パートの時給が上がったのに、時給換算すればパートと変わらない若い社員の給料を上げないわけにはいかないでしょう。

そしてパートの時給が上がり、パートとして雇用するコストメリットがなくなり

※1　初任給の上昇……高卒男性の平均初任給は2014年以降は毎年上昇し、14年、15年、18年、19年の上昇率は大卒男性を上回った。また2004年から19年までの高卒女性の平均初任給の上昇率（6・74％）は、大卒女性の上昇率（4・92％）を上回った。ただし高卒男性の2019年の平均初任給16万8900円は、大卒男性21万2800円の8割にとどまる（労働政策研究・研修機構より）。

つつあります。高卒の正規従業員の初任給が17万円とすれば時給にして1000円ぐらいですが、今、名古屋駅前の飲食店では時給1000円では人が集まりません。その結果、高卒初任給とパートの給料が同程度になるか、下手をすればパートの給料のほうが高くなります。そうすれば働く側としては正規従業員でいるメリットがなくなるために辞めてしまうという悪循環です。

最低賃金の引き上げは中小企業を苦しめている大きな要因であり、各地の商工会議所は最低賃金の引き上げに猛反対しましたが、政府は耳を貸しませんでした。表向き、政府は審議会とか諮問委員会を立ち上げて決めていますが、最初から結果が決まっているようにしか見えません。

しかも最低賃金が上がったからと言って、商品の売価を上げることはできないのです。典型的な例は、スーパーで売られている食材などの日配品です。豆腐とかチクワとかは1個数十円で販売されていますが、そもそも売価が低いのに、納入先のスーパーから特売品としてさらに値下げを迫られる。

昨年、私も内実を見ていた日配品事業者が倒産しました。中国産の原材料を仕入れて製造し、大企業系列のスーパーに納入していたのですが、健康ブームや円安の影響で原材料費が3倍に上がったのです。原材料費が上がったことはスーパーも把握したのですが、売価を引き上げてはくれませんでした。日配品事業者の代わりはいくらでもいるからです。

つくづく思いますが、とくに大手スーパーには経営戦略はなく、特売品にして値段を下げるしか考えることができません。向こうのスーパーが50円で売ればウチは40円で売るというだけで、不毛な競争ですが、そのシワ寄せは日配品を納入している弱い中小事業者へ行くのです。この構造がアベノミクス以降に酷くなった印象です。

原材料費が上がったのに売価は上げられないため赤字に陥る。赤字に陥れば賞与が出せなくなるため従業員が辞める。仕方なく外国人労働者を雇用するのですが、外国人労働者を雇用するコストメリットはなくなりつつあります。最低賃金は引き上げられ、寮などを準備する雇用関連費がかかり、雇用してみると逆に人件費が上がったという事業者も増えてきました。

先ほどあげた日配品事業者の倒産ですが、業界では全国上位、従業員は１００人弱いて年商は数十億円、創業50年を超える老舗です。それが２期連続で巨額の赤字を出して債務超過に陥り、自己破産に追い込まれたのです。このような中小企業は周りで増えています。

私は、倒産した中小企業の従業員の再就職先探しにも協力していますが、55歳を超えると受け入れてくれる企業はずっと少なくなります。高年齢者と女性のパート社員は本当に厳しい。大企業では希望退職を募って大手人材派遣会社に再就職先の斡旋を委託しています。大手人材派遣会社は「再就職は９割決まります」と喧伝し、退職者一人当たり50万〜60万円もらって再就職先を斡旋しています。私は大企業の退職者の再就職先も見てきましたが、行き先は誰も行きたくないようなところで、年収はだいたい半額、多くが年収３００万円台まで減ります。

消費増税と中国の成長

――平均年収の長期減少傾向の原因として、他に何が考えられますか？

北見　平均年収の推移を見ていると、消費増税の影響が大きかったことは明らかです。消費税は１９８９年４月に創設されましたが、バブル期だったにもかかわらずこの年の平均年収は前年に比べて４万円下がりました。次に１９９７年４月に３％から５％に引き上げられましたが、金融危機など他にも影響があったとはいえ、この年が平均年収のピークとなり、以降は減少していきます。２０１４年４月に５％から８％へ引き上げられた時はアベノミクス以降の平均年収の伸びが鈍化しました し、２０１９年10月に８％から10％に引き上げられた時は、上昇していた平均年収が一転して減少しました。

消費増税の影響は多くの識者が指摘していることですが、私は他に、中国との貿易量増加が大きく影響していると思います。

中国からの輸入額は１９９０年に３兆１０００億円あまりでした。その後、中国が世界の工場と化す間に輸入額が激増していくのですが、リーマンショックで一時的に減少し、その後再び増加して、２０１９年の輸入額は32兆７０００億円まで増えました。30年間で30兆円増えたのですが、この分だけ日本国内の企業の売り上げは減り、雇用も賃金も影響を受けたのです。もちろん中国に進出して工場を造り、安く輸入するというメリットはあるかもしれませんが、安く輸入するというのがまた問題なのです。

たとえば私が直接見てきた業界のひとつが鋳物産業です。ある企業が中国に進出して工場を造り、鋳物の輸入を始めました。当初は安く輸入できてその企業は利益が増えたのですが、安い輸入品の影響で日本国内の相場全体が下がり、その地域の鋳物産業は沈没してしまいました。目先の利益は増えても、時間がたてば自分の首を絞める結果になってしまったのです。

先ほどあげたスーパーで販売されている日配品の多くも同様でしょう。1990年時点では国産の原材料を使用して製造していた日配品の多くが、今では原材料の大半を中国に頼るようになったものが少なくありません。その分だけ国内の産業が沈没していくのですが、影響を受けたのは中小企業です。輸入されるものは完成品の自動車ではなく、中小企業が取り扱っている原材料だからです。

見過ごされている社会保険料の値上げ

――消費税が増税される時は大きな議論が起きてきましたが、実はその間の厚生年金保険料と健康保険料という社会保険料の値上げは見過ごされてきました。

北見　今回改めて調べてみて、その影響の大きさに驚きました。平均年収は1997年をピークとして減少し、アベノミクス期に上昇に転じたものの、それでも1997年のピーク時よりまだ少ないことは前に説明しました。そのピーク時の1997年の社会保険料の本人負担額は年間48万3000円でした。その後値上げが繰り返され、2019年には本人負担額が61万5000円まで増えました。

この社会保険料の負担増を加味した手取りベースの平均年収を調べると、ピーク時の1997年は419万円で、2019年は375万円であり、約44万円の減少です。アベノミクス期に平均年収は上昇に転じたとお話ししましたが、上昇幅は小さく、それよりも社会保険料負担の値上げの影響で、手取りベースの平均年収はアベノミクス期もほぼ一貫して下げているのです。これに加えて消費税の増税が2回実施され、1997年当時の消費税5％は2019年に10％まで上がりました。税と社会保険料の負担を合わせた国民負担率[※2]の上昇が大きく、家計の可処分所得で言えばもっと下がっているでしょう。

リーマンショックの時に大赤字を出す健保組合が続出して健康保険料を一気に2％とか3％値上げされた経緯があります。社会保険料は企業と本人が半々に負担するため、企業にとっても影響が大きくなり、中小企業の利益を圧迫しました。今、企業の倒産自体は減少していますが、その陰で廃業が増え続けています。一つの理由は後継者がいないということですが、子どもや親族など後継者になれる人たちは、企業努力では解決できない社会保険料の値上げで利益が出ないことを見ているので、

※2　国民負担率……国民所得に対する税金と社会保険料の合計が占める割合を指す。消費税の増税と社会保険料の値上げにより国民負担率は上昇を続け、1994年は34・9％だったが2019年は44・4％まで上がり、過去最高を更新した。2020年は46・1％まで上がる見込み。また、日本の財政は悪化しており、将来の国民負担になる可能性のある財政赤字を加えた「潜在的な国民負担率」は、2020年に66・5％まで上がる見込み（財務省）。

年別給与総額と対中国輸入総額

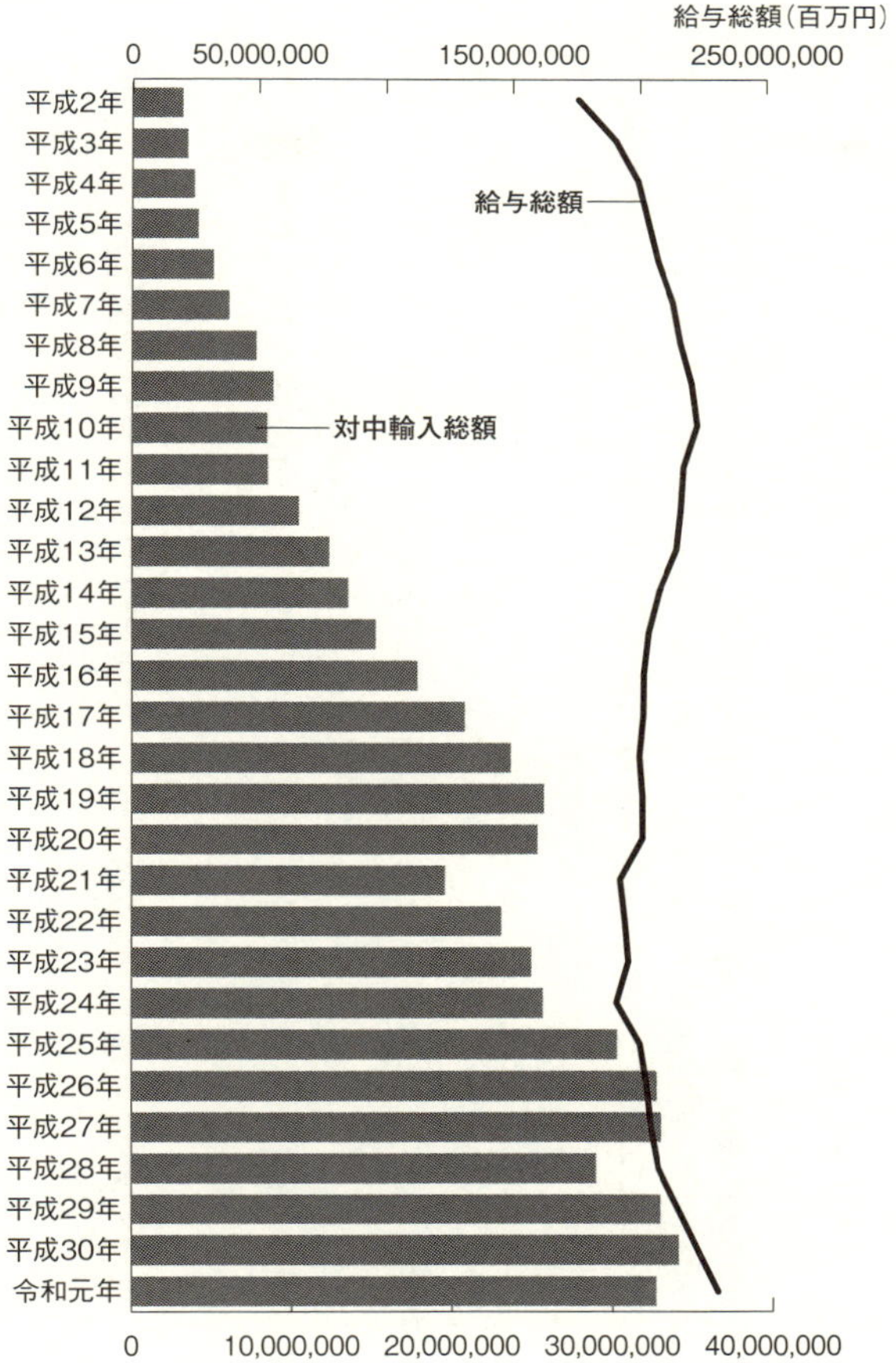

(出所)㈱北見式賃金研究所作成

継ぎたくないのです。

コロナ禍により記録的な給料減少が確実

――コロナ禍の影響が出る2020年の平均年収は、国税庁が11月に公表する詳細を待つことになりますが、どの程度深刻だと思いますか？

北見　コロナ禍については、先に雇用調整助成金[※3]について言いたいことがあります。上場企業では雇調金の受給額が100億円とか200億円という金額が報じられま

※3　雇用調整助成金（雇調金）……事業主が休業などの雇用調整を行う際に、従業員に支払う休業手当の一部を国が助成する雇調金については、上場している大企業への巨額助成が目立つ。2020年4月から雇調金の特例措置が適用され、2021年7月末までに開示された上場企業の決算資料を集計すると、上場企業814社が雇調金を申請して計上。計上額は判明分だけで合計5190億円に上る。個々の計上額は1億円未満が最多で286社だが、10億～50億円未満が87社、50億～100億円未満が9社、100億円以上も9社あった（東京商工リサーチより）。

過去30年間平均年収推移と消費税率、手取年収額推移

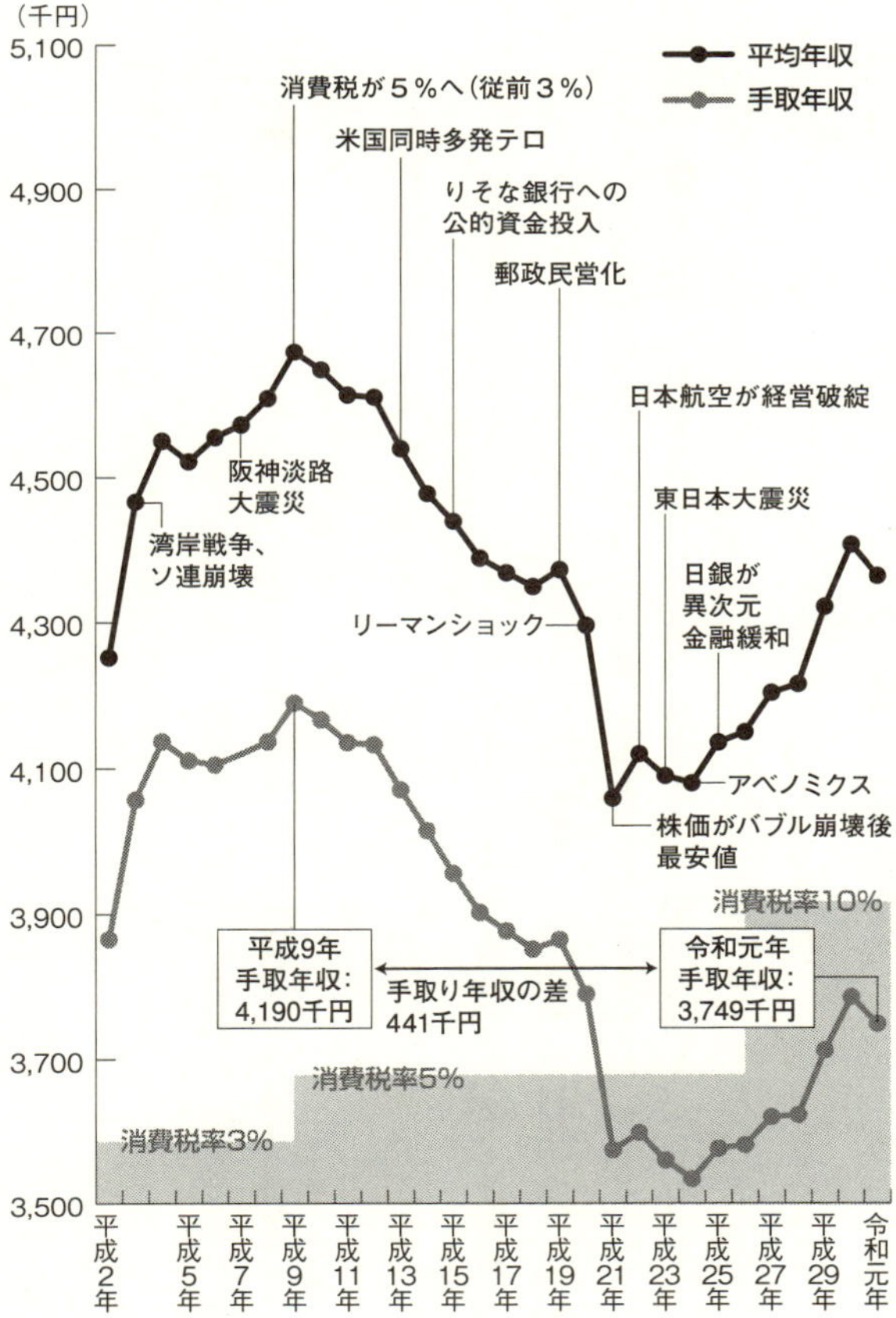

(出所)㈱北見式賃金研究所作成

したが、私の周りでは雇調金の申請ができていない中小企業が少なくありません。申請には大量の書類が必要となり、従業員1人がかかりきりになるほど手間がかかるのですが、中小企業ではそんな人員の余裕はないのです。

コロナ禍の影響ですが、私は先日、顧客企業の従業員の賃金明細を集め、2019年から2020年にかけて給料がどの程度減ったかを調べました。対象は、愛知県に本社のある従業員300人以下の中小企業で188社あり、1万3892人分のデータが集まりました。留意してほしいのは、愛知県は自動車産業にかかわる企業が多く、調査対象である顧客企業の75％は製造業と卸売業であることです。そして自動車産業はコロナ禍の影響が比較的軽微でした。調査対象にはコロナ禍の影響が甚大だった観光業とか飲食業は1件も入っていません。

それでも年収が60万円以上減少した人が13・8％、10万円から60万円まで減少した人が27・9％を占め、40％以上の人の年収が下がっていました。また、賞与が10万円以上減少した人が31・1％、3万円から10万円減少した人が11・9％で、賞与の減った人は半数近くに上ります。印象としては、残業代と賞与がガクンと減りました。
　コロナ禍の影響が比較的軽微だった業種を中心とした調査でこれだけ減っているため、観光業、飲食業、またはアパレル業などコロナ禍の影響が大きかった業種は、おそらく深刻でしょう。地方格差もより開くかもしれません。しかも、私の調査は2020年にも在籍していた従業員が対象であり、その間に失業した人は含まれていません。私の調査でさえ、対象者は2019年の1万4723人から800人以上減っているので、失業者の問題も深刻だと思います。

きたみ・まさお●1959年生まれ、名古屋市出身。愛知大卒業後、中部経済新聞社に入社、12年間勤務した後に独立して社労士となり、北見式賃金研究所所長。著書に『製造業崩壊――苦悩する工場とワーキングプア』（東洋経済新報社）、『消えた年収』（文藝春秋）、シリーズとして『愛知千年企業』（中日新聞社）他。

第二章

給料上昇を阻む日本型雇用とオジサン世代

城　繁幸（人事コンサルタント）

「終身雇用・年功序列賃金制」は、日本の経済成長を支えた仕組みである。しかし、バブル崩壊、国内の人口減、そして世界的に進むデジタル化などにより企業を取り巻く環境は変化し、近年、この制度の是非をめぐる議論は時に活発化した。一部では制度崩壊が指摘されつつも、全体として見れば現在もまだ頑として存続している「終身雇用・年功序列賃金制」。日本人の給料を考えるとき、この制度を抜きにしては語れない。人事コンサルタントの城繁幸氏は、日本人の給料が下がり続けてきた原因として、この日本型雇用の存在を指摘する。

（取材日：2021年8月5日）

——城さんは富士通の人事部に在籍していた2000年頃、自分たち20代の将来の給料を試算したと聞きました。

城　バブルが崩壊して1990年代後半になると、会社の成長が見通せないどころか、明らかにリストラが必要になりました。しかし、日本の法律では企業側の都合による整理解雇については、厳しい要件が定められて実質的に認められていません。また減給については「不利益への変更」[※1]に該当すれば認められません。どの程度が不利益に当たるかの基準が明確に示されていないため、最後は裁判に訴えるしかありませんが、ある程度の規模の企業には社会的信用を毀損するリスクがあるため、負ける可能性のある裁判には訴えたくない。だから給料を下げることも実質的にはできないのです。

企業は人件費を「総額」で見て、増やしたり減らしたりしています。当時は人件費を減らす必要がありましたが、解雇による人員削減はできず、昇給してきた40〜

※1　「不利益への変更」……最高裁による判例では、従業員の7割が加入する労組の同意を得て会社が賃金制度を変更し、55歳以上の特定の労働者の賃金を減額した件について、「不利益の程度、賃金制度変更の必要性、変更後の内容の相当性、代償措置その他労働条件の改善」等を考慮するべきと高いハードルを示した。この件については「特定の層の従業員にのみ賃金コスト抑制の負担を負わせている」として減額を無効とした。労組の合意については「大きな考慮要素と評価することは相当ではない」とした（みちのく銀行事件＝2000年9月、最高裁）。

50代の給料を下げることも難しい。そうなると20〜30代の昇給を抑えるしかないのです。1990年代前半までは、20代の社員の給料はベースアップと定期昇給により1年で10％程度上がっていました。これを7％、5％と落としていく。そうすれば会社全体の人件費が削れるわけです。

当時、将来を見通して削るべき人件費の金額を出してみると、「え？ こんなに？」と驚くほどの額でした。そのために私たち20代の社員の昇給をどの程度抑えるか計算してみると、先輩たちの賃金カーブは50代まで上がっているのに、私たちの賃金カーブの山は40代そこそこになる。その結果、私たちが40〜50代になった時の給料は、当時の先輩たちに比べて3割程度低くなり、生涯賃金はそれ以上減ることがわかったのです。

――試算した時、社会への見方が変わったと聞きました。

城　給料がこれだけ下がれば21世紀は日本人の価値観が変わり、1円でも安いものを求めるようになってモノが売れなくなると思いました。その後10年過ぎて2010年頃になると、経済学者が「デフレ」「デフレ」と騒ぎはじめ、とりわけ中央銀行の政策に焦点が当たりました。しかし、現場にいた私から見れば、それは的外れの論争でした。デフレの原因は雇用問題であり、無理矢理雇用を維持しているために給料が上がらず、消費が落ち込みデフレになったのです。金融政策で対処できる問題ではありません。

日本人の給料が上がらない原因は、低成長が続いているにもかかわらず、終身雇用・年功序列賃金制を維持しているためです。人件費を削る必要が出てきたのに、解雇はできず、給料を下げることもできないために若手の昇給を抑える。それが続いて日本人の給料が上がらなくなったのです。

世界を見渡せばこれは非常に特殊な仕組みであり、1980年代後半に日本経済がバブルを迎えた時にも言及されました。あの時、日本の経済は瞬間的に世界一になりましたが、それでも日本人の給料の水準は世界でトップテンあたりまでしか上がりませんでした。国の経済が世界一になれば、当然、給料の水準も世界一になると思っている他国の人々には不思議だったのです。日本の企業は給料を下げない代わりに、利益がどんなに出ても急激には上げません。一度上げた給料は下げられないため、上げすぎると終身雇用を維持できなくなるからです。

企業の衰退を招く早期退職制度

――1990年代後半になると、大企業は割増退職金を支払って希望退職を募る早期退職制度[※2]を始めましたが、機能しなかったのでしょうか。

城　機能しなかったどころか、早期に取り入れた電機業界では衰退の原因になりました。

当時の日本の電機メーカーはまだまだ技術力があり、伸び盛りの韓国や台湾の電機メーカーはヘッドハンターを日本に派遣して優秀な人材に接触しはじめました。5年契約など年数を限定しますが、日本の企業が出している給料の1・5倍とか2倍を提示されればグラッとくる人もいる。そこへ、たとえば年収の3年分を上乗せする早期退職制度が提示されれば、最後の一押しとなる。問題は、優秀な人材が辞めてしまうことです。

２０００年代に入ると企業側も早期退職制度の欠陥に気づいて、表向きは誰でも応募できる形にしますが、人事部が「辞めてはいけない人」と「絶対に辞めさせてはいけない人」に分けてコントロールしようとしました。しかし、人事部の都合どおりには進まず、やはり優秀な人材が辞めていきました。早期退職制度は非常に効率の悪いリストラの手法です。しかし終身雇用制の下では解雇できないため、それが限界なのです。

最近、企業グループ内で異業種への配置転換を図る企業が出てきました。たとえば保険会社の営業職に就いている社員に、同じ企業グループの介護事業会社への異

※２　早期退職制度……２０２０年に早期退職者を募集した上場企業は93社にのぼり、リーマンショック翌年の２００９年の１９１社に次ぐ高水準となった。募集人数は判明した分だけで80社・１万８６３５人にのぼり、同様に２００９年に次ぐ水準となった。業種別ではアパレル・繊維製品が最多で18社、自動車関連と電機機器がそれぞれ11社、外食と小売りがそれぞれ7社等。２回募集した企業が８社。２０２１年は１月21日時点ですでに22社が判明し、２０２０年の同時期に比べて２倍のペース（２０２１年１月21日、東京商工リサーチの調査より）。

動を命じるものです。配置転換先の仕事は未経験という理由で若干減給できるし、配置転換されれば3割程度は退社すると聞きます。リストラ策としては効果があるのかもしれません。人材の有効活用という面もありますが、これも企業側から見れば無駄が多く、本人にとっても、労働市場（転職市場）に出てスキルとか経験を活用できる企業なり業種なりに進んだほうがメリットが多いでしょう。

労働者は損をして国はメリットを享受

――働く側から見れば、終身雇用制は雇用が保証される代わりに、猛烈に働かせられる印象があります。

城　終身雇用制は労働者の負担が大きい仕組みなのです。会社の業務命令の権限が強く、労働者は残業を強いられ、転勤を拒否することもできません。厚労省は残業時間に「過労死ライン」を設けて残業を抑制していますが、ごく最近のことです。長い間、日本では労働時間の上限がなく、週に2日でも3日でも徹夜して、残業時間が月に150時間を超えるのは普通のことでした。

欧米諸国を中心として多くの国では労働時間に上限が定められ、残業という概念のない国が多い。残業が必要になるほど忙しくなれば新たに人を雇用し、暇になれば解雇するからです。しかし、日本では簡単に解雇できないため、企業は繁忙期になれば労働者に残業を強いて、閑散期になれば残業を減らす。欧米諸国では雇用と解雇で調整しますが、日本では残業時間で雇用調整してきたのです。転勤も同様です。人が余っている事業所から人が足りない事業所へ転勤を命じて調整し、雇用を守ってきたのです。

もう一つ、日本では労働者が損をしている点があります。

2008年のリーマンショックの時、アメリカでは失業率が1年間で6%から10%まで悪化しました。今回のコロナ禍でも失業率が一時的に15%に達し、1500万人が失業しました。これに対して日本は、リーマンショックの時でも今回のコロナ禍でも失業率は4~5%で安定しています。

この安定した仕組みを評価する声もありますが、私は違うと思います。日本の企業は、それまでに蓄積した内部留保を投じて解雇者を出さずにしのいでいるだけであり、いわば企業が〝失業給付〟を出しているのです。しかもその原資は労働者の負担です。普段もらえるはずの給料の一部を会社に預け、不況時にそれを引き出しているのです。

欧米のビジネスマンにこの仕組みを説明しても納得されないでしょう。自分の給料を削って不況時に備えるなんてクレージーだと言われるだけです。本来、企業が利益を上げた分は給料としてもらって、経営が傾いて解雇された時には、国のセーフティーネットが機能して助けます。日本の場合は国が行うべきこの機能を企業が背負い、労働者が負担しているのです。

この仕組みで〝楽〟をしてきたのは厚労省でしょう。企業に解雇を認めれば、厚労省は失業対策を今よりも拡充しなければいけません。失業給付にしろ、職業訓練にしろ、現状のレベルでは足りなくなるでしょう。しかし日本では企業が失業対策まで担ってきたために、厚労省は楽をしてきたのです。

終身雇用をめぐるダブルスタンダード

――大企業では終身雇用制が定着してきましたが、中小・零細企業の現実は離職率が高く、雇用が安定しているようには見えません。

城　終身雇用制は労働者に滅私奉公を強いるものですが、それは終身雇用という安定があって初めて成り立ちます。しかし中小・零細企業では月に100時間のサービス残業を強いておきながら、数十人程度の会社規模では、20年先、30年先まで会社が存続しているかどうかは見通せません。終身雇用で守られるという意識が持てないために、滅私奉公を強いられれば辞めてしまいます。経営者の側も「1カ月分の給料を出すので辞めてくれ」と平然と言うし、解雇規制を守る気がなく、実際に守ってもいません。

この20年、解雇規制を緩和して解雇ルールを制定する議論が出ては消えています。一定の金額を支払って解雇できるようにする仕組みの導入です。

興味深いのは、大企業の労働組合と中小企業の経営者が解雇ルールの導入に反対しているとです。大企業は早期退職制度を採用しており、電機メーカーでも割増退職金の額が4000万円とか5000万円とか大変大きな金額になってきました。解雇規制が緩和されればその特権は失われ、給料半年分程度で解雇されるようになる。だから大企業の労組は反対なのです。一方で、中小企業はこれまで実質的に自由に解雇できてきました。解雇ルールができれば、今までよりも多額の解雇金の支払いが必要になる。だから反対なのです。これは歪《いびつ》な形の同床異夢でしょう。

そもそも中小・零細企業に終身雇用の保証を迫る仕組みに無理があります。結果として大手と中小・零細企業の間でダブルスタンダードができていますが、これが労働者の負担になってきたことは明白です。

——大企業のなかでも、製造業では終身雇用が頑として続いていますが、サービス業は勤続年数が比較的短い印象です。

城　戦後の高度経済成長の中心を担ったのが製造業ですが、製造業には経験を積んだ職人が必要であり、なおかつ技術の継承が必要です。毎年給料を上げて雇用を保証する終身雇用制はそのために機能してきました。

主な産業、性、年齢階級別賃金

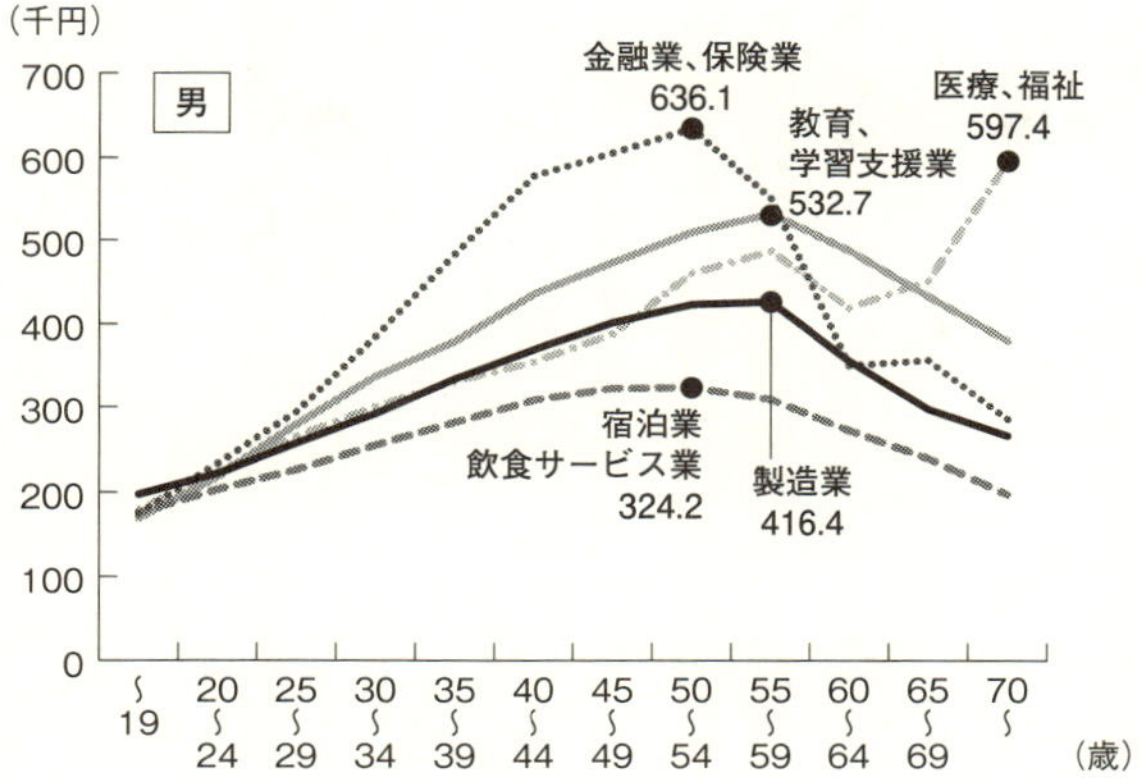

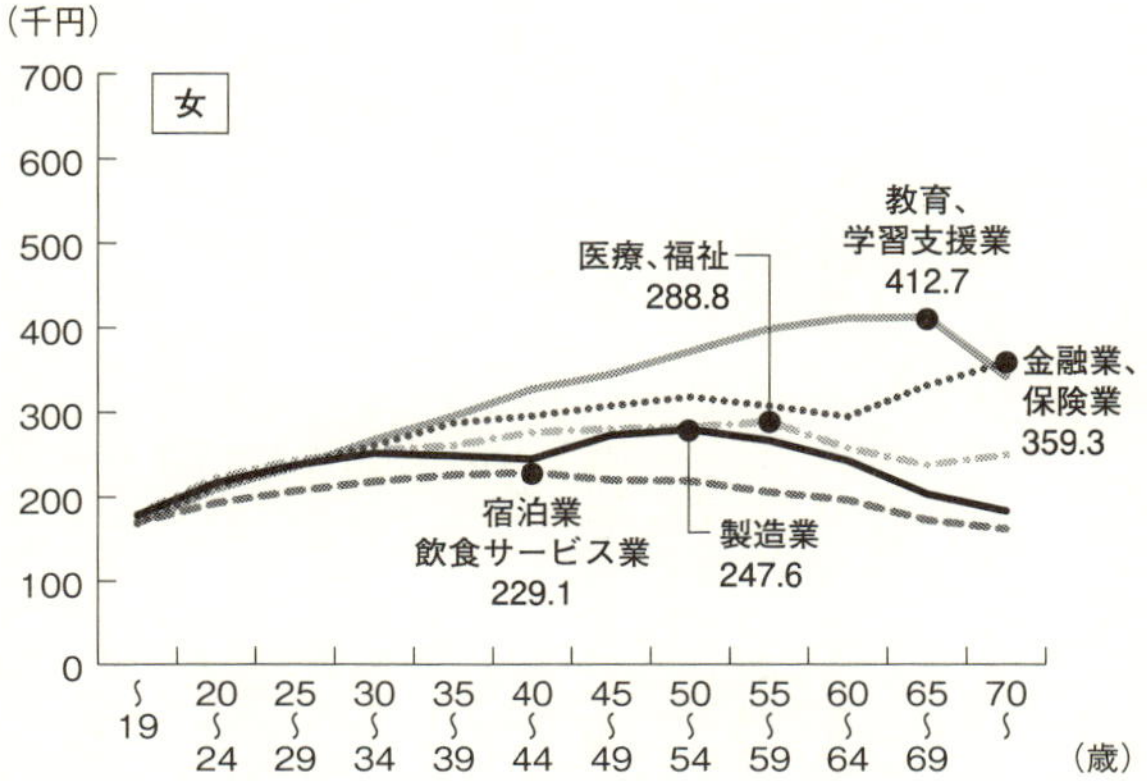

(出所) 令和2年賃金構造基本統計調査

一方で小売とか外食などのサービス業は製造業ほどの職人は必要ではなく、企業から見れば雇用を保証するメリットは小さい。これが大きな理由だと思いますが、製造業に比べてサービス業の賃金カーブは山が緩やかで、年功的ではありますが年功序列賃金ではありません。

サービス業に入った新卒社員の5割が3年で辞めることを取り上げて「ブラック企業」と批判する人がいますが、私は違うと思います。賃金カーブが緩やかで働く側にも長く勤めるメリットがないために、勤続年数が短くなるのです。私は、サービス産業が終身雇用制に反対しなかったことが不思議ですが、解雇金を出さずに人を減らせるというのはメリットなのかもしれません。

終身雇用制が日本経済の成長に寄与したのは、せいぜい1980年代まででしょう。経済環境が変わり、その後は負の側面ばかり出てきたのです。

労働組合は昇給よりも雇用の維持

――日本の労働組合は終身雇用制の維持を優先し、給料を上げないことを是認してきたように見えます。

城　欧米を中心として、諸外国の労働組合は産業ごとに組織されていますが、日本では企業ごとに組織されています。自動車総連（全日本自動車産業労働組合総連合会）のように産業ごとに連合体を組んではいますが、多くの場合は名目にすぎず労組間のつながりは弱い。しかも、日本の労組は正社員だけで組織されています。

諸外国の産業別労組の場合、ある企業が利益を上げればその分の昇給を要求します。経営陣が拒否すればストライキも辞さず、その結果経営が悪化しても我関せずで、もらえる時にもらうという姿勢です。産業別労組は、その産業のさまざまな企業の従業員で構成されています。利益が出ても給料に反映しないという前例がつくられては困るし、その企業が潰れれば同業他社へ移ればいいという考えなのです。

しかし、日本の労組は1つの企業の正社員だけで組織されており、10年後、20年後も企業が存続して利益を上げてくれなければ困るため、実は企業のことを一番真剣に考えている存在なのです。そのため経営陣が経営上の判断で昇給を見送れば、理解を示してしまうのです。

安倍政権は政府が介入する官製春闘を始めましたが、労働組合の総本山である連合（日本労働組合総連合会）は「官製春闘」に対して不快感を表しました。安倍政権としては、アベノミクス成功の証のひとつとして昇給を実現したいのですが、労組としては昇給のリスクを引き受けたくない。業績が悪化したときに昇給が重しになり、雇用問題になることを怖れるからです。

定年延長も給料が上がらない原因に

——アメリカでは１９９０年代以降に創業したＧＡＦＡが世界的企業となり、経済成長をけん引しています。日本でも一時期ＩＴ企業が次々と立ち上がり、成長していくかに見えましたが、ＧＡＦＡに比肩する企業は出てきませんでした。それどころか日本では旧来の大企業が復活し、東証一部上場企業の時価総額ランキングは、トヨタ自動車、キーエンス、ソニーグループ、ＮＴＴ……が並んでいます。

城　若くて優秀な人材が、リスクを取らずに終身雇用制の安定した大企業に入り続けたために、経済全体の新陳代謝が進まず、〝失われた30年〟のひとつの原因になったと思います。突きつめれば、日本人の多くがリスクを取ることを嫌がっているように思えます。アメリカでは優秀な人材ほどリスクを取って起業を目指す仕組みが機能しています。しかし、見渡してみればそれはアメリカだけで、他の国でもGAFAは生まれていません。日本特有の問題とは言えないでしょう。

日本の企業で言えば、国内で少子高齢化が進行してマーケットが縮小していることが問題です。この人口問題を解決できない限り、国内への投資なんてできないというのが企業の本音だと思います。自動車メーカーをはじめとして企業の海外進出はますます増え、利益の4割、5割を海外で稼ぐ企業は珍しくなくなりました。海外で優秀な人材を獲得するために人件費を増やしている企業は多く、それは当然、国内に投じる人件費が少なくなることを意味します。とりわけ大企業は、国内中心で進めていくと考えている企業は皆無でしょう。

——近年、日本企業の業績は決して悪くはなく、コロナ禍までは過去最高益を出す

企業も少なくありませんでした。しかし給料は上がりません。

城　これは定年延長の影響が大きい。高齢者雇用安定法[※3]が2012年に改正されて65歳までの雇用延長が義務づけられました。2020年の改正では70歳までの雇用延長が努力義務になりました。いずれ70歳までの雇用延長が義務づけられるでしょう。

1990年代まで定年は55歳でした。それが60歳になり、65歳になり、70歳になろうとしています。企業としては終身雇用の下で面倒を見なければいけません。60歳になって雇用延長されると給料は大幅に下がりますが、それでも成果に見合うとは言い難く、その分の人件費を捻出するために、全体として昇給が抑えられてしまいます。近年、企業の業績がよくなっても昇給が行われないのは、定年延長の影響であることは強調しておきたいと思います。

優秀な人材は終身雇用を選ばなくなった

——先日、53歳の地銀行員と話した時、「現場にいるのでわかりますが、地銀に将来はありません」と言ったあと、「私は逃げ切れますが……」とボソッと漏らしました。終身雇用で守られることを前提とした言葉で、終身雇用を変えようとは思っていないでしょう。

城　〝逃げ切れる〟と思っている人は変われないでしょう。53歳だと定年まであと10年以上あり、本当に逃げ切れるかどうかわかりませんが、今の制度を維持しようとする。能力がなく、今さらやり直せないオジサンたちは「今のままで行こう」と思っています。

しかし、終身雇用制では企業は優秀な人材を獲得できなくなりつつあります。

※3　高齢者雇用安定法……2012年の改正により、「定年制の廃止」または「定年制の65歳までの引上げ」または「希望者全員を適用する65歳までの雇用継続制度の導入」が定められた。2021年4月の改正法施行により、努力義務として、「70歳までの定年引き上げ」「70歳までの継続雇用制度の導入」「70歳までの業務委託契約制度の導入」「70歳まで、事業主による社会貢献事業に従事できる制度の導入」等が定められた。

東大生と京大生に限定した就職人気ランキングがあります（株式会社ワンキャリアの「東大京大　就活人気ランキング」）。一般的な就職ランキングは実際に入社した人数を基にしていますが、これは東大生と京大生が入りたいと思っている企業のランキングです。近年、このランキング上位はコンサルティング系をはじめとした外資系企業で占められるようになり、とくにメーカーなど日本の大企業は入らなくなりました。

今は、終身雇用制の大企業に入社して若い時に給料を抑えられても、先が見えません。優秀であれば会社に守ってもらう必要はなく、リスクを取って外資系とかスタートアップへ行くということなのでしょう。

私は企業の人事部に在籍し、その後、人事コンサルタントとして日本の錚々《そうそう》たる大企業に入る人材を見てきましたが、仕事に対する希望はなく、安定が目的で入りましたという人がたくさんいるのです。こうした人材は何人集まっても、企業から見れば〝ひと山いくら〟の価値しかありません。

日本の大企業は、このままでは優秀な人材が採れないことを認識しつつあり、変わらざるをえないとわかりはじめています。NTTデータ、ユニクロ、NECなど、優秀な人材の獲得を目指し、新卒に年俸1000万円を出す「特別採用枠」をつくる大企業が増えてきました。

終身雇用とジョブ型の二極化へ

――今後、終身雇用制は変わるでしょうか。

城　私は、日本の雇用は今後「二極化」していくと思っています。

終身雇用・年功序列賃金制の大枠はまだまだ残りつつ、そのなかで、成果の分だけ給料をもらえる、適正な市場評価報酬を受ける「ジョブ型」を選択する人。これは若い世代、とりわけ優秀な人材を中心として広がっていくと思います。

一方で、終身雇用・年功序列制を選ぶ人もいるでしょう。今さら変われない中高年が中心になります。年功序列賃金制の下では、中高年の給料は年功部分がかさ上げされ、成果以上の給料をもらっています。ジョブ型はその年功部分が剥奪されることを連想するのでしょう。若い人でも「リスクを取りたくない」「取れる能力がない」という人はこちらを選ぶでしょう。

ジョブ型を選択する人は当面は少数だと思いますが、大学生へのアンケート調査を見ていると6割ぐらいはジョブ型に興味を持っています。今後、ジョブ型を選択する人が多くなるのではないでしょうか。

——2011年の東日本大震災の後、一時的に在宅勤務が導入されました。今で言うテレワークですが、城さんはその時「定着しないだろう」と予言していました。

城　テレワークが進むか否かは、雇用形態がジョブ型か否かの一言に尽きます。

仕事の内容が明確化されているジョブ型であればテレワークへの移行はスムーズに進みますが、日本の企業は業務の割り振りを明確化せず、大部屋に集まって手の空いた人が何でもやるという形態です。

今回のコロナ禍でテレワークの導入が求められたときも、多くの企業は、この〝大部屋式〟をそのまま持ち込もうとしました。それぞれ自宅にいるけれど常にオンラインでつなげるとか、チャットを利用して頻繁に連絡を取り合うという方法です。

これでは実際の大部屋式に比べて具合が悪くなるのは当然で、テレワークに移行しても成果は上がらず、「効率が悪い」とか「会社に行かなければ仕事ができない」と言い出します。

一方で、テレワークを導入して効率も成果も明らかに上がった企業があります。業務の割り振りを明確化して、裁量も与えている企業です。仕事の進め方も勤務時間も自由にして、必要がある時だけオンラインで会議を開く。そうすれば人は自分の頭で考え、効率的に仕事を進めようと真剣になります。結果として効率が上がり、成果が出る。

実際にテレワークの効果が明らかになり、大手IT企業をはじめとして、完全フルリモート体制を敷いて週5日の在宅勤務を可能にした企業が次々と出ています。大企業のなかにも、人事制度を変えてまでテレワークへの移行を進めているところがあります。

――先ほど解雇規制の緩和論が出てきましたが、解雇ルールができれば終身雇用制崩壊へ進むでしょうか？

城　終身雇用制は年功序列賃金制とセットです。若い時に安月給で我慢して働けば、年齢とともに昇給して終身で雇用が保証される。中高年になれば仕事の成果以上の給料がもらえます。

解雇ルールができれば、若い時に我慢して働いても将来解雇される可能性が出てきます。そんな企業には誰も行かなくなる。解雇ルールの制定は、間違いなく終身雇用制崩壊の糸口になるでしょう。しかし、終身雇用制の崩壊は年功給をもらっている中高年の給料が半減することを意味するため、猛反発が出る。政策にせよ企業の制度にせよ、決めるのはこうした中高年か高齢者であるため、解雇ルールの制定は簡単ではありません。

それよりもジョブ型への移行です。これが終身雇用制崩壊の決定打になります。そして実際に、終身雇用制の大企業に優秀な人材が集まりにくくなり、企業自身がそれを認識しつつあります。解雇ルールの制定を待たなくても、ジョブ型への移行が進めば終身雇用は崩壊します。

今後、どのような産業、どのような企業が有望かを見通すことは、私は専門外でありわかりません。というより、見通すことができるという人は詐欺師だけでしょう。ただ若い人には、テレワークの導入を真剣に進めているかどうかを一つの判断材料とすることを勧めています。ジョブ型への移行を前提とすれば、テレワークを導入して生産性が上がっている企業は有望です。大企業でも実際にそうした企業が増えているのです。逆に、「日本の企業風土にテレワークは合わない」などと言っている企業には将来がないでしょう。

じょう・しげゆき●1973年生まれ。人事コンサルタント。(株)Joe's Labo(ジョーズ・ラボ)代表。東大法学部卒業後、富士通に入社。2004年、独立。人事制度、採用等の雇用問題において「若者の視点」を取り入れたユニークな意見を発信している。著書に『若者はなぜ3年で辞めるのか? 年功序列が奪う日本の未来』(光文社新書)、『3年で辞めた若者はどこへ行ったのか――アウトサイダーの時代』(ちくま新書)、『7割は課長にさえなれません　終身雇用の幻想』(PHP新書)ほか。

第三章

企業の異常な内部留保の積み増しがもたらす「誤謬《ごびゅう》」

脇田 成

（東京都立大学教授）

日本は1990年代前半にバブルが崩壊したあと、〝失われた30年〟と形容される長い経済停滞へ至ることになる。しかし2000年代に入ると世界経済の伸長も後押しして、日本でも大企業を中心に企業の業績は向上した。2008年のリーマン・ショックで世界経済は急減速したが、日本の企業への影響は大きくはなく、過去最高益を更新する上場企業はコロナ禍まで多くあった。しかし、この長期間にわたり、日本人の給料は上がらなかった。日本のマクロ経済を研究している脇田氏は、2000年以降の20年間、日本の企業はひたすら内部留保を積み上げ、原資があったにもかかわらず、賃上げには投じなかったと主張する。

（取材日：2021年8月17日）

——1990年代前半にバブル経済が崩壊して金融機関は莫大な額の不良債権を抱えましたが、その処理を先送りし、国も許容しました。

脇田　先送りが限界に達し、山一證券や北海道拓殖銀行などの金融機関が次々と破綻して1997年に金融危機が勃発しました。以降、銀行による貸し剥がしも言われましたが、企業は銀行を頼れなくなり、財務基盤の強化に邁進します。銀行に借りていた金を返済し、人件費を削減して、内部留保を積み増すのです。

この間、国の経済政策は失敗の連続でした。バブルが発生したのは利上げの遅れであり、金融危機が起きたのは金融機関の不良債権処理の先送りを許容したからです。その後も、日銀の大規模金融緩和に至るまで失敗が繰り返されてきました。

それはともかく、金融危機を契機として企業が内部留保をどれだけ積み増してきたかは、財務省が集計している法人企業統計を見れば一目瞭然です。金融を除く日本企業全体で見て、金融危機が勃発した翌1998年から2019年までの20年間で、人件費の総額は200兆円からほぼ横ばいで増えていません。また、企業の設備である有形固定資産もほぼ横ばいで500兆円弱から変わっておらず、企業の借金も約1000兆円で変わっていません。

これに対して株主の出資金と企業の利益の蓄積を示す純資産は、250兆円から760兆円と実に500兆円以上も増えました。純資産の主な内容である内部留保

増加する内部留保と横ばいの資本と労働

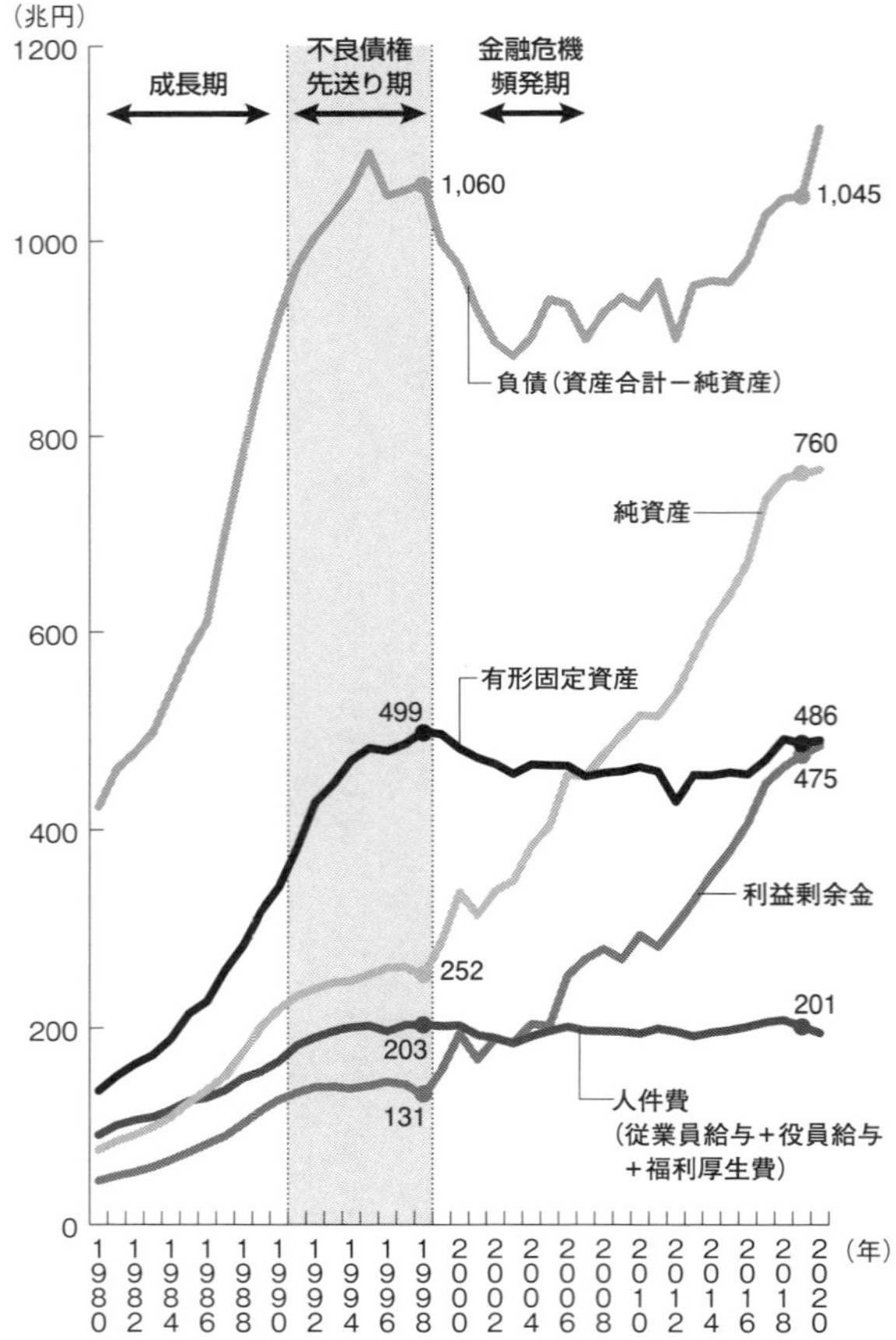

(出所)法人企業統計全産業(金融保険業除く)全規模

は、130兆円から480兆円まで350兆円も増えています。とりわけこの10年間は、毎年、内部留保が20兆円ずつ積み上がっているのです。世の中の景況感はGDPの2％ほどに当たる10兆円で左右されます。この2倍にも相当する金額が毎年、内部留保として積み上がっているわけで、この金額が有効に投資されれば景況感は簡単によくなるでしょう。

――日本ではバブル崩壊以降、30年にわたり低成長に苦しんでいます。その原因として潜在成長率[※1]が低いという指摘があります。

脇田　潜在成長率は、「労働」（人件費）と「資本」（企業設備）と「生産性」によ

※1　潜在成長率……国がモノやサービスを生産するために必要な各生産要素を、それぞれ過去の平均的な水準で供給した場合に実現できると推計されるGDP（国内総生産）。中期的に持続可能とされる経済活動の規模であり、国の経済の基礎体力（実力）を表す推計値。潜在成長率を構成する生産要素は①資本投入（企業や政府が保有する設備の量）、②労働投入（就業者数と就業時間を乗じたもの）、③全要素生産性（技術革新による生産効率）であり、この3点の寄与度の和で求められる（国際通貨研究所）。

って導かれます。この20年間、人件費と企業設備がほぼ横ばいのため、計算上はたしかに潜在成長率が低いという結論が出ます。しかし、問題は内部留保なのです。内部留保を労働や資本などに投じれば潜在成長率は上がり、経済成長できるはずなのに、企業は財務基盤の強化に費やしてきただけです。いわば、日本経済はフル稼働していないのです。

企業の会計上、内部留保は純資産の中の「利益剰余金」で示されますが、この額がすべて現金で積まれているわけではありません。設備投資に投じられていたり、海外へ投資されていたりもするため、「内部留保は貯金ではない」という反論があります。しかし近年、毎年積み上がる20兆円の内部留保のうち、半分から3分の1程度は現預金として積まれているのです。そしてこの企業の内部留保の積み増しは「誤謬《ごびゅう》」をもたらしています。

内部留保蓄積が生んだ「平成の誤謬」

――ケインズ経済学における「合成の誤謬」でしょうか？

脇田　「合成の誤謬」とは、個々の行動が合理的であっても全員がその行動をとれば非合理な結果を招くというものです。もともとは、個々の家計が貯蓄に励むことは合理的だとしても、すべての家計が貯蓄に励めば結果として消費が減り、企業の売り上げが減り、それにより貯蓄すべき収入が減ってしまうことを指してきました。

今は、これが企業において起きています。企業が内部留保を積み増せば財務基盤は盤石となり、延命のためには合理的な行動です。実際、政府の支援策もあるとはいえ企業の倒産は極端に減っています。しかし、それによって人件費の支払いが停滞して消費が抑制され、経済全体の需要が低下し、企業の売り上げは減少するという結果を招いています。それぞれの企業の合理的な行動が経済全体には好ましくない結果をもたらすという意味で、「平成の誤謬」を引き起こしているのです。

経済学では企業は「資金を借りるべき主体」として考えられ、その原則にしたがった政策が行われてきました。これまでの伝統的金融政策は金利を調節することであり、金利を下げれば市中に資金が供給されて企業活動が活発になってきました。

しかし、逆に企業が貯蓄をしているために、これまでの経済学に則った政策を実行しても効果が出なくなり、国は「非」とか「逆」の付いた政策を強いられるようになりました。日銀が市中に資金を直接供給する量的緩和であり、金利がゼロまで下がっているため、金融機関が日銀に預金する際にマイナス金利を課すといった非伝統的金融政策です。または、国が介入するこれまでの所得政策は、インフレーションの脱却を図るために国が企業の賃上げの抑制を図るものでした。今は逆に、国が春闘に介入して賃上げを促す政策を強いられています。

日銀が大規模金融緩和を続けてドロ沼に

――安倍政権以降、日銀は〝異次元〟と自負する大規模金融緩和を続け、結果として株価は上がりました。

脇田　安倍政権では、人数としては決して多くないリフレ派の経済学者やエコノミストの影響力が急激に増しました。リフレ派は「デフレの原因は中央銀行の金融政策にある」と批判し、インフレターゲティングを決めて強力な金融緩和の推進を訴えました。安倍元首相が彼らの主張をどこまで理解し、どこまで信じたのかはわかりませんが、私には一方的に暴走した主張にしか見えませんでした。

その前の民主党政権では東日本大震災の影響もあり、急激に円高が進行して1ドル＝70円台をつけて不況の元凶にされました。２０１２年の安倍政権発足後、日銀の大規模金融緩和により一転して円安が進み、１ドル＝１２０円まで行きました。為替が短期間で50％も変わったのですから影響は大きく、賃金も物価も「安い日本」に変わった一方、株価は急騰し、何かが成功したような印象を与えたことは事実でしょう。

しかし、日銀が大規模金融緩和を実行して資金を供給して銀行に貸し出しを促しても、企業は貯蓄をしているために資金需要はなく、資金が回るはずがありません。実際、大規模金融緩和を始めて10年が過ぎようとしていますがその目標であるデフレからの脱却は実現されず、日銀はドロ沼にはまっています。

――企業の経営者は、労働や設備、または新規事業などに資金を投じて利益を出す

ことを求められるはずですが、その資金を貯め込んできて、なぜ許されてきたのでしょうか？

脇田　村上ファンドの村上世彰氏はこの点を批判してきましたが、貯め込みは許されないという趨勢《すうせい》にはなっていません。

一つは銀行の存在があると思います。以前は、銀行は企業への貸し出しを通じて企業を支援すると同時に、企業に引導を渡す存在でもありました。銀行に頼れなくなり、企業は財務基盤の強化へ舵を切りましたが、その結果、銀行の関与が薄くなりました。元に戻すべきと言っているわけではありませんが、銀行の影響力がなくなったことはあげられるでしょう。また、労働組合は総じて賃上げよりも雇用の確保や雇用の延長を重視して、内部留保にはあまり言及しません。

メディアやエコノミストの責任もあると思います。民間のエコノミストは企業貯蓄と名指しをすることを避けて、企業貯蓄と家計貯蓄を合わせて「民間貯蓄」と言及します。証券会社の研究所などは企業に雇用されており、企業にとって都合の悪い話はできないのでしょうか。メディアも、アベノミクスの大規模金融緩和を批判することはありますが、企業貯蓄について知っていて書けないのか、そもそも理解していないのかはわかりませんが、批判することはありません。いずれにせよ、日本の企業が貯蓄に励むことに文句を言う人がいないというのは問題です。

――世界的に見て、企業が貯蓄に励むのは日本だけでしょうか？

それぞれの国の企業全体で見て、貯蓄を増やしているのは日本だけなのです。2005年以降の約15年間の推移を日本銀行の「資金循環の日米欧比較」で見ても、アメリカの企業は資金余剰と資金不足を行ったり来たりしています。ユーロ圏の企業は2005年から数年間は資金不足が続き、2009年以降は資金余剰に転じましたが、増え続けるのではなく、若干の資金余剰というレベルです。これに対して日本の企業は常に大幅な資金余剰が続いてきたのです。

企業が貯蓄ばかりしてきたために経済成長できず、世界から見て日本は特殊な位置に追いやられてしまいました。世界のGDPに占める割合は、大雑把に言ってカナダや中南米を含めた米国圏が30％、ユーロ圏が30％を占め、以前は20％程度占めていた日本は5％程度まで低下しました。今や、経済学者が世界経済を分析するときは米国圏とユーロ圏のことを中心に見て、日本は対象外となってしまったのです。

内部留保を家計へ波及させるためには

――内部留保の有効な使い道は何でしょうか？

脇田　日本では企業が利益を上げているのに家計に波及しておらず、消費も増えていないということが問題なのです。経済を活発化させるために、内部留保をどこに投じれば家計に波及するか考えてみましょう。その使い道としては、「設備投資に投じる」「配当を増やす」「給料を上げる」といったことがあげられます。

最初の「設備投資に投じる」ですが、日本では慢性的に設備が過剰気味で、効果はありません。

――最近は国内マーケットの縮小により、企業の海外への投資が増えてきましたが、巨額の海外企業買収には失敗が多い印象です。キリンホールディングスは２０１１年にブラジルのビール会社を３０００億円で買収しましたが、２０１７年に８００

億円で売却して損切りしました。2015年には日本郵政が豪トール社を6200億円で買収しましたが、わずか2年後に4000億円の減損を発表しました。買収を決めた社長はすでに退任しているので、誰も責任を負いません。

脇田　私も海外企業の買収は相当数が失敗していると思います。直接投資というと海外事業子会社の展開という堅実な伝統的イメージがありますが、統計の定義ではケイマン諸島に子会社をつくっても実は直接投資です。財務省の本邦対外資産負債残高の統計を見ると、各年の投資の累積額と現存の残高には、（とくにアベノミクス以降の2013年から）大幅な乖離が生じています。買収した関連会社の株価が下落してしまうなどのキャピタルロス（元本の減少）が大きいためです。海外直接投資の収益率は高く、投資立国を目指せと言われてきました。たしかに所得収支に反映するインカムゲイン（毎期の収入）は高いのですが、それ以上にお金をつぎ込んでおりキャピタルロスが大きいため、累積の収益率はほとんどゼロに近いのです。リストラをして、賃金支払いを渋って、企業は金余りになって、海外で無理な買収をして失敗している、という目も当てられない状況です。

――次の「配当を増やす」という効果はどうでしょうか？

脇田　結論を先に言えば、現状の日本の経済構造では、企業が配当を増やしても家計への波及効果は大きくありません。

日本取引所の株主分布調査によれば、2020年度の上場企業株の株主構成は、外国人投資家が最多で30・2％、次が金融機関で29・9％、事業法人が20・4％で、個人は16・8％でしかありません。しかも個人はIT企業ブームにより2000年代半ばに20％を超えましたが、その後は減少傾向にあります。家計の金融資産構成で見ても、アメリカでは投資信託と株式を合わせると44・8％を占め、現金・預金は13・7％しかありません。日本の家計では逆に現金・預金が54・2％も占めており、投資信託と株式は合わせて13％しか保有していません。参考までに、ユーロ圏では現金・預金が34・9％と比較的に多いのですが、投資信託と株式を合わせて25・9％を占めて日本の2倍です。

欧米諸国に比べて日本では個人が株を保有していないために、企業が配当を増やしても家計への直接的な波及効果はないのです。

バブルの頃、日本興業銀行、住友銀行、富士銀行……と、日本の都市銀行が世界の株式時価総額ランキングで上位を占めました。当時の都市銀行の貸し出し金利は高く、企業の利潤を吸い上げていたとも言えますが、貸し出し金利が上がれば預金金利も上がるため、企業の利潤は預金を通じて家計にも還元されていた効果がありました。今、企業は配当を増やしていて、当時の企業が銀行への返済に当てていた分に相当するほどの額になりました。この増えた配当という果実を誰が得ているかと言えば、上場企業株の3割を保有している外国人投資家なのです。日本の金融機関も3割程度保有しているため、配当増は低金利下に苦しむ金融機関への助けになっているかもしれませんが、家計には波及しないのです。

外国人投資家のための円安・株高

――安倍政権が行った大規模金融緩和の効果としては円安・株高があげられます。民主党政権で7000円台まで落ちた日経平均株価は安倍政権が発足して1年で1

万5000円を超え、今は3万円台に乗り、バブル崩壊後30年ぶりに最高値を更新しました。

脇田　しかし、消費は増えていないでしょう。アメリカの株式市場では個人の株の保有割合が5割に達しているため、株価が上がると家計の資産価値が高まり、消費が増えるという直接的な効果があります。アメリカの株価は過去最高を更新し続けていますが、家計への波及効果があるため合理的なのです。一方で、日本では家計への波及効果がないため、株価が7000円台から3万円台まで上がっても消費が増えないのは当然です。

では、株価上昇の果実は誰が得たかと言えば、先に述べたとおり外国人投資家です。日本の上場株の3割を保有し、株式市場での売買比率でいえば6～7割に達しています。大規模金融緩和により円安になり、外国人投資家が日本株を買いやすくなって株価が上がりました。アベノミクスは外国人投資家のために行われたようなものなのです。

もともと日本の企業経営者は株価を上げることを目的とはしてきませんでした。

株価はあくまでも経営なり業績なりの結果であり、株価を気にするのは経営の本道ではないというスタンスでした。安倍政権はアベノミクスの成績表として株価を重視しました。それに倣ったのか、または内部留保を投じる先として都合がよかったのか、自社株買いを行って株高を図る企業が増えました。グローバルスタンダードでは株価を重視するのは当然なのかもしれません。しかし、日本の株主構成はそれに対応していないのです。

近年、日本では政策として「貯蓄から投資へ」という誘導が行われてきました。日本の家計の金融資産[※2]は増え続けて2000兆円に迫り、誘導が成功していれば株高による家計への波及は大きくなっていたでしょう。しかし、誘導は成功していな

※2 家計の金融資産……日銀の速報値によれば家計の金融資産は2021年6月末時点で1992兆円に達し、過去最高を更新した。そのうち現金・預金が53・8％（1072兆円）を占め、株式等は10・5％（210兆円）、投資信託は4・5％（89兆円）であり、合わせても15％にとどまっている。他は保険・年金等が27％（538兆円）。

いのに、株価だけ上げるということをしているのです。
なお、役員報酬1億円以上の開示制度により、高額の役員報酬の支払いが明らかになって役員報酬も増えているように思われますが、法人企業統計で見る限り、この20年間、役員報酬全体はそれほど増えていません。

賃上げが家計へ波及する唯一の道

――企業の内部留保を家計に波及させるためには、設備投資ではなく、配当を増やすことでもないとすれば、給料を上げるということが望ましいということでしょうか？

脇田　これまで日本の家計は賃金が上がれば消費を増やす行動をとってきましたし、給料を上げることが、消費を増やして経済活動を活発化させる早道です。
安倍政権は政府が春闘に介入する「官製春闘」を始めました。日本の春闘は伝統的に中央集権的労使交渉メカニズムであり、経済全体の賃金決定に大きな影響力を持ち、春闘で賃金が上がれば中小企業や地方へ波及します。実は安倍政権が官製春闘を始める頃、私も政府に呼ばれていろいろと話をしました。政治が春闘に介入するのは初めてではありませんし、内部留保という賃上げできる原資はあるのだから、春闘での賃上げを政府が後押しすることを勧めたのです。それに対し、市場経済論者は大変硬直的で、「政府が介入するものではない」という固定観念にとらわれていて結構批判されました。また、労働組合は官製春闘を歓迎しませんでした。

それでも安倍政権は官製春闘を始めて賃上げを目指しましたが、企業全体で見たとき、2%とか3%の賃上げのために必要な額は5兆円とか6兆円にすぎません。企業の内部留保が毎年20兆円積み上がり、そのうちの半分から3分の1が現・預金であることを考えれば、明らかに出せる額なのです。

ちなみに春闘は例年、11月頃から初めて本格的な労使交渉へ至り、年明けの3月頃に妥結します。その後、企業が決算をして5月頃にその内容が明らかになると、結構儲かっているということがわかるのです。その時に昇給がなかったと文句が出ますが、それでは遅いのです。

このように会計年度の存在と賃金設定諸慣行は齟齬をきたしており、賃上げを行いやすくする制度改正の余地は大きいと思います。ストックオプションなど金融技術の発展は著しく、従業員持株会など伝統的慣行を株式市場と親和的に再整備することもできます。また、現在の税制では賞与の引当金の損金算入が認められていませんが、これを認めてボーナスを活用することもできます。

賃上げを阻む人口減少と技術革新

――企業の内部留保蓄積のほかに、給料が上がらない原因はあるでしょうか?

脇田　一つは、現在から未来へ続く問題として「人口減少」があげられます。

コロナ禍は観光業や飲食業を直撃し、アルバイトなどの非正規社員が雇い止めに遭って大きな影響が出ています。このことが逆に示しているように、サービス業は雇用吸収力の大変大きい業種です。このサービス業は地域の人口に大きく左右され、周辺の人口が減ればスーパーの売り上げは減少し、飲食店の数は減ってしまいます。

乗客が減ってバスの路線が成り立たなくなることは珍しくありません。成り立たなくなれば、当然、企業は採用を減らし、高齢者を低賃金で再雇用して最低限の業務をこなしていくようになります。これでは賃上げどころではありません。

賃上げをもたらす仕組みは二つあります。一つは先ほど取り上げた春闘で、もう一つは国が定める最低賃金です。大企業のサラリーマンが影響を受ける春闘に対し、最低賃金は、地方のスーパーマーケットのパートタイマーなど地域に密着している労働者が影響を受けます。今、最低賃金を引き上げる政策が採られています。昨年はコロナ禍により引き上げが見送られましたが、2021年度は前年度比で28円上がり、全国加重平均額で930円になりました。しかし、企業が利益を出さなければ賃上げはできませんし、政策的に引き上げるのは限界があります。地方においては、人口減少対策を講じなければ給料は上がらないでしょう。

もう一つは、将来の問題として技術革新があげられます。世界的にデジタル化が進み、AI（人工知能）が進展すれば、企業はより自動的に利益を上げられるようになります。その結果、労働の寄与分は減少して給料は減っていくでしょう。私たちは市場競争を前提とした資本主義の下で、労働がどの程度生産に寄与したかで賃金を決めてきました。この考え方が長期の経済成長をもたらしてきたことは間違いありません。しかし、この仕組みのままでは、技術革新で企業の生産性が向上しても労働者にはその果実が分配されなくなってしまうのです。たとえば、家計が企業の株主の主体となり配当を受け取るという方法もあるし、何らかの仕組みを考えなくてはいけません。

悪循環を生む法人減税と消費増税

――日本の企業の業績は堅調で、コロナ禍前までは過去最高益を更新する企業が少なくありませんでしたが、「大企業は税金を支払わない」という問題も指摘されています。

脇田　法人税の税率引き下げも大きく影響しています。2000年代の法人税の税率では、私の概算では企業の税引き前利益の3分の1プラス5兆円程度の額が国の法人税収となってきました。ここ数年、企業の税引き前利益は80兆円を超えており、減税しなければ国の税収は30兆円を軽く超えたはずです。しかし実際は20兆円弱であり、約10兆円減ったことになります。日本は国債の大量発行を続けて財政が悪化しており、政府はプライマリーバランス[※3]の黒字化を目標に掲げています。アベノミクス期のプライマリーバランスは10兆〜15兆円の赤字だったため、法人減税がなければ政府目標を達成していたとも言えるのです。実際は赤字が拡大して政府目標は店晒《たなざら》しされています。

それよりも問題は家計との関係です。日本の財政は、法人減税による減収分を消費増税による増収で穴埋めしている構造になっています。家計から見れば、法人減

※3　プライマリーバランス（ＰＢ）……国の財政として見た時、公共事業や社会保障をはじめとする行政サービスを提供するための経費（政策的経費）を、税収等で賄えているかどうかを示す指標。２０２１年度の一般会計予算では、政策的経費は歳出総額から国債費の一部を除いて83・４兆円、税収等は歳入総額から公債金（国債等発行による借金）を除いた63兆円となり、ＰＢは20・４兆円の赤字となっている（財務省より）。

税によって企業の利益が増えても給料は上がらない一方で、消費増税によって負担が大きくなったのです。法人減税と消費増税のパッケージは、消費の低下をもたらす悪循環を生んでいます。

アメリカのトランプ大統領（当時）は法人減税を進めました。アメリカの政策に日本が追随せざるをえない面があることは否定しませんが、株主構成ひとつ取っても経済構造が異なるのですから、全面的に追随することはありません。日本では法人税の税率を下げすぎでしょう。

――巨大ＩＴ企業が稼ぐ巨額の利益に対する課税は世界的な問題になっています。

脇田　アメリカのＧＡＦＡに代表される巨大ＩＴ企業は莫大な利益を出していますが、デジタル化の進展は、それを使いこなす人と使えない人の収入格差を激しく大きくしてしまいます。各国はこれまでＩＴの波及効果を重視し、ＩＴ企業を支援して経済成長を促してきましたが、その分、ＩＴ企業を放任してきました。ＩＢＭやマイクロソフトなど巨大企業が独占禁止法のやり玉に挙がった歴史はありますが、今は、ＩＴ企業巨大化のメリットよりもデメリットのほうが大きくなってきました。

アメリカのバイデン政権もそれは認識し、イエレン財務長官は法人増税を提唱しているし、とりわけ巨大IT企業への課税強化が検討されています。

企業の利潤の拡大に対しては、その分配への配慮が必要です。バイデン政権の計画のように巨大独占企業に課税を強化して公共投資の財源として使うことがよいのか、菅政権のように技術の普及を目指しながら携帯電話の価格を引き下げるのがよいのか、またはNISAのように株式市場参加への優遇措置を採り、配当を通じて分配するのがよいのか。幅広い議論が必要です。

わきた・しげる●1961年生まれ、京都府出身。85年、東京大学経済学部卒業。92年、同大学院経済学研究科中退。東京大学博士（経済学）。東京大学助手、東京都立大経済学部助教授、同教授を経て、2020年、東京都立大学経済経営学部教授。国家公務員試験出題委員、内閣府経済の好循環実現検討専門チーム委員など歴任。著書に『日本経済論15講』（新世社）、『賃上げはなぜ必要か――日本経済の誤謬』（筑摩書房）ほか。

第四章
日本人の給料が上がらない原因はデジタル化の遅れ

野口悠紀雄（一橋大学名誉教授）

緊急事態宣言を発出しても朝夕の通勤電車の混雑は変わらない一方で、飲食店ばかりが自粛を強いられた。国民に不要不急の外出自粛を求めながら開催をした五輪。ワクチン調達の遅れと配布をめぐる混乱。そして諸外国に遅れた経済回復——政府のコロナ対応は無策に溢れたものであることが露呈したが、コロナ過で明らかになった一つがデジタル化の遅れだ。日本の経済を見続けてきた野口氏は、日本人の給料が下がり続ける原因としてデジタル化の遅れを指摘する。それは単に技術力だけではなく、日本の組織論にかかわるだけに問題は深刻だという。

（取材日：2021年8月19日）

——コロナ禍における経済回復では、日本の遅れが鮮明になってきました。

野口　新型コロナウイルスの発祥地だった中国は早くも2020年に経済再開を果たし、2020年度の各国GDP成長率がマイナスに陥るなかで、唯一、プラス2・

3％の成長率を果たしました。２０２１年度は８・１％の高い成長率が見込まれています。今年（２０２１年）に入ると欧米諸国でもワクチン接種が進んで経済が再開され、アメリカの成長率は第１四半期（１〜３月）と第２四半期（４〜６月）でともに６％を超えました。

これに対して日本は第１四半期がマイナス３・７％、第２四半期はプラス１・３％です。今後も回復の遅れが見込まれ、アメリカの成長率は２０２１年に７・０％、２０２２年に４・９％、世界全体の成長率でも２０２１年に６・０％、２０２２年に４・９％ですが、日本は２０２１年に２・８％、２０２２年に３・０％でしかありません（経済成長率はＩＭＦ＝国際通貨基金の２０２１年７月の予測）。

日本の経済成長率が低いことはコロナ禍の前からのことですが、問題は、労働者一人当たりの労働生産性[※1]が低いことです。日本の労働生産性はもともと低く、この20年間はＯＥＣＤ加盟37カ国のなかで20位程度で推移してきましたが、２０１９年には韓国に初めて抜かれて26位にまで下がりました。中国にしても、２０００年頃まで労働生産性は日本の10％未満でしたが、今は40％程度の水準まで上がってきました。中国の都市部に限定すれば日本より高くなっているかもしれません。労働生産性で見れば日本は先進国の地位を失いかけているのです。

日本人の給料が上がらないのは、一人当たりの労働生産性が低いからです。

――労働生産性が低い原因は何ですか？

野口 大きな原因はデジタル化の遅れです。労働生産性が低いというのは抽象的な説明であり、よく理解していない人も多いと思いますが、コロナ禍で日本のデジタル化の遅れは誰の目にも明確に見えたでしょう。
厚労省にしろ、都庁にしろ、感染者情報を集めるためにファクスを使っていることが明らかになり、世間を呆れさせたことは周知のとおりです。各保健所が手書き

※1 労働生産性……生産性とは、労働力などの生産諸要素がどれだけ効率的に使われたかを示したもの。一人当たりの労働生産性は、付加価値額を労働者数で割って算出される。付加価値額は企業が新しく生み出した金額ベースの価値であり、生産額（売上高）から原材料費等の外部から購入した費用を除いたもの。ＯＥＣＤ加盟37カ国の２０１９年の労働者一人当たりの労働生産性は、１位のアイルランド18万７７４５ドルに対し、日本は26位の８万１１８３ドル（日本生産性本部）。

就業者1人当たりの労働生産性

（2019年、OECD加盟37カ国）

（単位：購買力平価換算USドル）

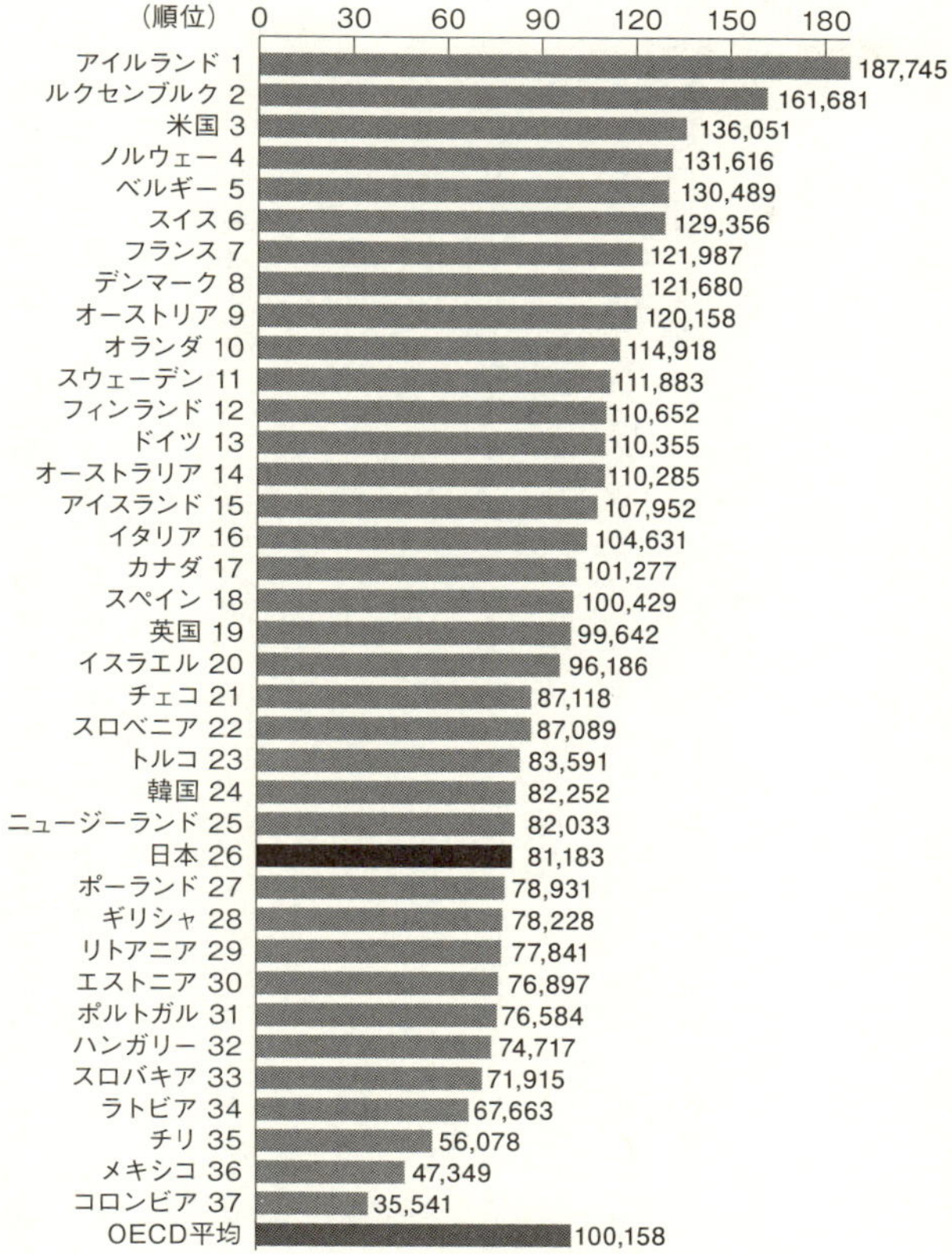

（出所）日本生産性本部の「労働生産性の国際比較2020年版」より

してファクスを送信し、受信した側がそれを見てわざわざ入力する。デジタル化すれば数秒で済むことを20分、30分とかけています。労働生産性が低いのは誰の目にも明らかです。

日本でデジタル化が遅れているために生産性が上がらないことは、いくつかのランキングでも示されています。国連の経済社会局（ＵＮＤＥＳＡ）が発表した２０２０年の「世界電子政府ランキング」では、１位デンマーク、２位韓国、３位エストニア……と続きますが、日本は前回の10位から14位に低下してしまいました。スイスのＩＭＤ（ビジネススクール）が毎年発表している「世界競争力ランキング」で、日本は１９９２年まで首位でしたが、昨年６月に発表された２０２０年版では前年からさらに順位を下げて34位まで落ちてしまったのです。デジタル技術は62位で、これは対象63カ国・地域のなかで２番目に低い結果でした。日本政府は２００１年に「e-Japan戦略」を掲げて「５年以内に世界最先端のＩＴ国家になる」と宣言したのですが、20年後の姿がこの状況なのです。

大惨敗の「COCOA」

――コロナ禍で厚労省がつくったCOCOA《ココア》（新型コロナウイルス接触確認アプリ）は、感染者が感染情報を入力すれば、その感染者と過去14日間に半径1メートル以内で15分以上接触していた人に通知される仕組みですが、まるで機能していません。

野口　昨年（2020年）6月の運用開始初日に不具合が生じて修正を余儀なくされ、修正を終えて運用を開始すると再び不具合が生じるような状況でした。今年（2021年）2月には不具合が4カ月間も放置されていたことも明らかになりました。アンドロイド版の利用者は陽性者と接触しても「接触なし」と表示されていたのです。COCOAで陽性者との接触通知を受けても、PCR検査を受けられないという問題も起きました。

厚労省によれば、COCOAのダウンロード数は今年8月末で約3000万件まで増えましたが、陽性登録件数は約3万5000件でしかありません。国内の感染者は累計で160万人を超えており、その2%しか登録されていないのです。これではCOCOAを利用する意味がありません。

――日本ではデジタル化の遅れを取り戻すために、菅首相（当時）の肝煎で2021年9月にデジタル庁[※2]が発足しました。

野口　デジタル庁が成功するか否かを判断する一つのものとして「VRS」（Vaccination Record System＝ワクチン接種記録システム）があげられます。

今年2月頃、システムを構築した時に官邸が接種からデータ化されるまでどの程度かかるか聞くと、厚労省は「2カ月」と答えて官邸が激怒したという話がありました。そこで、デジタル庁の母体となる内閣府のIT戦略室がシステムを構築することとなり、このシステムを使えば瞬時にデータ化できるとされました。今年5月、ワクチン担当相（当時）となった河野太郎氏がデモンストレーションを行いましたが、タブレット端末で接種券を撮影すると即座に記録できるというシステムです。厚労省が「2カ月かかる」と言ったものを即座に実行できるというのです。

しかし、現実は使い勝手が悪く、ワクチン配布の混乱を招いてしまいました。接種券のバーコードを撮影すれば即座にデータ化されるはずだったのに、バーコードがうまく撮影できなかったり、項目の入力に手間取ったりしたため、現場である自治体の多くがワクチン接種を優先してデータ化を後回しにしたのです。政府はVRSの記録を見て、接種が進んでいる自治体にワクチンを追加配布し、接種が遅れている自治体は後回しにしていました。しかし、自治体は記録を後回しにしていたため、一所懸命接種を進めても政府は接種が遅れていると判断してワクチンを追加配布せず、ワクチンが足りなくなるという混乱を引き起こしたのです。7月頃にこの問題が発覚し、自治体は人員をさらに投入して記録の迅速化を進めましたが、それでも1カ月程度は遅れてしまうという状況でした。

デジタル化の遅れについては国の政策の欠如が指摘されますが、政策とは、「ワ

※2 デジタル庁……「デジタル社会形成の司令塔として、未来志向のDX（デジタル・トランスフォーメーション）を大胆に推進し、デジタル時代の官民のインフラを今後5年で一気呵成に作り上げることを目指し」（デジタル庁公式サイトより）、2021年9月1日にデジタル庁が発足した。省庁出身者に加えて民間からも人材登用され、当初600人規模。2021年度の当初予算額は3096億円、2022年度の概算要求額は5426億円。

クチン接種記録システムをつくる」とか「感染者接触確認アプリをつくる」ということを決めて予算を獲得するに留まります。そこから先は委託を受けた事業者がシステムをつくっていくのですが、COCOAにしろVRAにしろ、デジタル化できる技術自体、日本では劣化しているように見えます。これは大変危惧すべき状況です。

オンライン診療の日米格差

――国だけではなく、民間でもデジタル化の遅れが目立っているように見えます。

野口　コロナ禍により、国は企業のテレワーク導入について7割を目標としていますが、厚労省とLINEの共同調査によれば、昨年4月時点で、テレワークの実施率は全国平均で27%でした。緊急事態宣言の前に比べれば伸びましたが、政府の目標にはほど遠く、都道府県別に見れば5%未満の県も多くありました。

また、コロナ過では医療のオンライン診療も欧米諸国では進みました。日本では、昨年4月に初診からのオンライン診療も可能になりました。しかし、普及はしていません。厚労省によれば今年4月末時点で、オンライン診療実施を登録した医療機関は、全医療機関約11万1000件に対して15％の約1万7000件しかありません。初診からオンライン診療を実施した件数は、今年1月は8569件、2月は9956件、3月は7763件にとどまっています（「オンライン診療の適切な実施に関する指針の見直しに関する検討会」の資料より）。

オンライン診療については、日本では医師会が誤診などが起きるために「危険」とかねてから主張し、4月の解禁も時限措置であることが強調されました。これではオンライン診療は普及しないでしょう。私は定期検査のために、ある大手製薬会社が提供している血液検査キッドをウェブで購入し、自分で採血して郵送したのですが、検査結果は数日で返ってきました。技術的にはオンライン診療は可能だと思います。オンライン診療は診療報酬が低く設定されていたために、医療機関は導入したくなかったということもあります。しかし、患者が望んでいるのであればオンライン診療が普及する仕組みをつくっていくべきでしょう。アメリカではオンライン診療にかかる保険適用対象を広げたことで普及したたという事実もあります。

また、コロナ対策として欧米諸国ではオンライン教育への移行が進んでいるのに、昨年4月時点の文科省の調査では、日本の小中高の公立校で、休校中または休校予定の1213自治体のうち、双方向型のオンライン教育を実施するのはわずか5％でした。そしてここでは別の問題も起きています。オンライン教育が進まないのは公立校で、私立高では取り組みが早く、定着している学校もあるようです。オンライン教育への移行をめぐって学校間のデジタル格差が広がり、それが教育格差につながることが危惧されます。

コロナ禍に関係ありませんが、日本人はいまだに銀行の支店に行って書類にいろいろ書かされ、印鑑を押すということをしています。「ブランチバンキング」ですが、今はスマートフォンを通じて銀行業務の大部分ができるようになり、支店は必要なくなりました。銀行業はどこの国でも規制産業で進歩に遅れがちな分野ですが、世界は「ブランチレスバンキング」へ移行しています。

日本のデジタル化が遅れる理由

――日本は1980年代までデジタル化で世界トップを走っていたはずです。そして日本の技術力は高いと誰もが過信している間に、諸外国に抜かれてしまいました。

野口　たとえばファクスは1970年代後半に使用されはじめたデジタル機器ですが、当時の日本は比較的進んでいて世界のなかでもファクスの導入が早く、1980年代に入るとかなり普及しました。その当時に最先端だったファクスが普及して固定化されてしまったため、メールへの移行が遅れたという面があります。ある仕組みに慣れてしまえば、人は、少々不便になっても用が足せればそれでいいと思うものなのです。

逆に、1980年代の中国は遅れていてファクスはもちろん、固定電話すら普及していませんでした。通信手段の整備が遅れていたため、インターネットが普及してスマートフォンが登場すると、ファクスを飛び越えてメールやスマートフォンが一気に普及しました。遅れていたものが前にいるものを飛び越える「リープフロッグ」（蛙飛び）と呼ばれる現象です。

先ほど、日本ではデジタル化の技術が遅れていることを危惧していると話しましたが、技術の問題以上に、日本でデジタル化が遅れる原因は組織風土が大きく影響しており、もっと深刻で根深いものです。

戦前の日本経済は製造業の比率が低く、その製造業も繊維産業など軽工業が中心で、労働者は組織間を非常に自由に行き来していました。戦争を迎えた時、戦時体制として重化学工業の強化が図られ、労働者を組織に定着させて生産性を上げるための仕組み、「１９４０年体制」[※3]への移行が図られました。終身雇用・年功序列賃金制や、企業別労働組合の原型がつくられたのもこの頃です。この制度は戦後も引き継がれて高度経済成長の原動力となったのは周知のとおりです。実はこの制度がその当時のコンピュータシステムと合致して、１９７０年代から80年代にかけて日本はデジタル化で世界のトップを走ったのです。

当時のコンピューターは、大組織の基幹業務用に使用されるメインフレームコンピューター（大型コンピューター）と、中小企業が財務会計などに使用する小型コンピューターであり、組織ごとにそれぞれシステムを構築できたため、日本の閉鎖的な企業組織に合っていたのです。しかし、1990年代にIT革命が進展してコンピューターの仕組みが大きく変化し、インターネットが生まれると、個人のPCを基本としても含めて組織間の連携が可能になりました。いわゆるオープンシステム化ですが、日本の硬直化した組織ではこれに対応できなかったのです。

ほかにも、政治にしろ企業にしろトップがデジタル化を理解していないという問題や、システム構築の請負が多重下請け構造となり、責任の所在が不明確になるなどの問題もありますが、日本の組織に問題があると言えるでしょう。

また、日本の大企業の生産性は、とりわけ製造業の生産性は国際的に見て高いと

※3 1940年体制……野口氏は1995年刊行の『一九四〇年体制 さらば戦時経済』(東洋経済新報社)で、終身雇用・年功序列賃金制、企業内労働組合等の日本の経済システムの原型は、戦時体制を確立するために1940年につくられたと論じた。それが戦後も引き継がれて高度経済成長へ寄与したが、この経済システムは社会環境の変化に対応できなくなり、日本の経済敗戦を招いたと指摘した(2010年に増補版を刊行)。

ころにあります。逆に低いのがサービス業、とりわけ中小・零細企業の対人サービス業です。先日、「地方銀行がいまだにフロッピーディスクを扱っている」と日経新聞が報じました（2021年2月5日付け）。

東北のある地銀には、〝現状維持〟を望む自治体や中小事業者など約1000の取引先から、必要なデータの入ったフロッピーディスクが多い日で一日400枚郵送されてくるというのです。銀行にとっては負担になり、今年3月に取り扱い廃止を取引先に通告したとのことですが、ソニーがフロッピーディスクの国内販売を止めたのは10年前のこと。この例が示すのは、デジタル化の進展は技術の問題ではなく、それを利用する人間の意識の問題であることです。

ここには、日本の組織が閉鎖的で外に向かって開かれていないという問題が見えます。しかも、ただ単に現状維持を望むという程度であれば変えることは難しくありませんが、その現状が利権によって成り立っていれば、変えることは簡単ではありません。

既得権益というハードル

――コロナ過では、政府や官公庁でさまざまな不具合が生じてオンライン会議が開けないという問題が露呈しました。

野口　各省庁は独自に事業者と契約して通信網を構築し、それぞれバラバラのオンライン会議システムを採用しているため、他の省庁や外部と接続できなかったのです。「自民党が開いたオンライン会議に、ある官庁の職員が職場のシステムから参加できず、党本部に出向いて端末と回線を借りた」という冗談のような話までありました。政府の通信環境は非常に悪く、途中で音声が途切れるために重要な会議は対面で開くということも続きました。麻生太郎副総理（当時）は、「一番ひでえのが（首相）官邸だな。しょっちゅう音が切れる」と述べています（2020年6月26日の会見）。

行政手続きでもデジタル化が遅れていますが、運転免許証更新のオンライン化は行政手続きのデジタル化が進むか否かの試金石になると思います。

もともと日本の運転免許証は取得にも更新にも厳格です。私がアメリカのカリフォルニア州で運転免許証を取った時は、自分の車を運転して試験を受けました。そのカリフォルニア州発行の免許証を日本から更新したのは20年ほど前のことです。ドイツやフランスでは免許証の更新制度はなく、無期限に使用できました。EU基準により2013年に改正されましたが、それでも15年の期限であり、しかも免許証の更新はオンラインでできる国が多いのです。日本では高齢者による免許証の自主返納が増えていますが、自主返納するときでさえ警察署に行くことが義務づけられています。自主返納には試験は必要なく、本人確認と免許証の真正性が確保できればいいだけなのにです。

日本では運転免許証の交付と更新が産業化して、免許を取得する際に通う自動車教習所から更新時の手数料まで、免許証を交付する側には巨額の収入が発生し、膨大な数の職員が雇用されています。運転免許証のデジタル化が進めば現在の〝収入〟の多くが失われてしまうため、簡単ではないでしょう。これは技術の問題ではなく、明らかに現在の仕組みを切り崩せるかどうかの問題です。

デジタル化の基本は「本人確認」

――ワクチン接種の進行と並行して、いわゆるワクチンパスポート（接種証明書）の配布の是非が取り沙汰されています。

野口　接種の進んだイスラエルがワクチンパスポートを最初に導入しましたが、コロナと経済の両立を図るために導入すべきだと思っています。しかし、日本ではこのままでは機能しないでしょう。

名前と住所の書かれた接種証明書を発行しても、接種証明書だけで済ませれば、他人の接種証明書を携帯するという不正が横行しかねません。免許証、パスポート、そしてマイナンバーカードなどの顔写真の付いた本人確認証明書と同時に提示しなければ、本人であることを確認できません。しかし、免許証もパスポートも持っていない人は少なくありません。政府としてはマイナンバーカードにその役割を求めているはずですが、普及率はわずか3割です。顔写真の付いた本人証明書を持っていない人が多ければ不公平が生じてしまいます。

そもそもデジタル化の基本は本人を確認できることにあり、日本は遅れているのです。

――デジタルIDの普及は各国によって大きな差が出ている印象です。

野口　北欧のスウェーデンでは、銀行業界が開発した「BankID」が公共サービスでも利用されて普及率は80％を超えています。インターネットバンキングの共通IDとなり、モバイル決済サービスのIDにも使われるようになり、利用が拡大しました。デンマークでは、個人番号の「CPR」と本人証明を行う「NemID」があり、ほぼすべての行政サービス、医療、オンラインバンキング、公共交通機関の電子マネー、NemIDと連携した民間サービスなどで幅広く利用されています。

一方、アメリカでは社会保障番号（SSN：Social Security Number）が使われていることは広く知られています。納税、銀行口座の開設、運転免許証の取得、不動産の購入や賃貸、自動車の購入等々、生活のあらゆる面での本人確認に使われています。就労やアパートの賃貸契約にも使われるため、SSNがなければ生活に支障をきたします。

デジタルIDの発行に関しては、国による国民監視やプライバシーの侵害が問題になりますが、SSNは紙のシステムであり、デジタル化されていません。そのため国民監視の問題は今のところ議論されていないようです。なお、アメリカ財務省は、金融取引の安全性と効率性の確保を目的としてデジタルIDの導入を提案しています。

イギリスでは、テロ対策や犯罪防止の観点から国民IDカードを導入する法案が国会に提出されましたが、プライバシー侵害等が問題視されて立法化できませんでした。その後の2016年、民間企業が開発した公共サービスの共通認証プラットフォーム「GOV.UK Verify」が導入されましたが、普及率は2019年2月時点で14%ほどであり、日本のマイナンバーカードの普及率より低い状況です。

国民監視につながる可能性のある中央集権的システムではなく、分散型のブロックチェーンを利用したシステムを採用したのがバルト3国のひとつ、エストニアです。国民の95%がデジタルIDカードを保有し、公的身分証明書、パスポート、運転免許証、健康保険証などとして機能し、銀行口座へのログインにも利用され、国民一人が平均して一日数回使っているといわれます。エストニアでは、2007年に大規模なサイバー攻撃を受けて情報流出事故が起こり、それに対処するためにブロックチェーンのシステムに移行したという経緯があります。

一方、国がIDの所持を強制している国もあります。中国では生まれた時に決まり、終生不変の18桁の身分証番号が1995年に導入されました。高速鉄道や飛行機を利用するとき、またはホテルに宿泊するときなどに提示を求められます。これはまだ紙のシステムですが、いくつかの自治体ではデジタル化への試験運用が始まり、携帯電話のSIMカードと身分証番号が紐づけられて携帯電話に表示されています。中国では2014年に、職歴、インターネットでの購入履歴、発言内容までの情報を収集し、信用度スコアを算出するソーシャルクレジット（社会信用）システムが導入されました。

インドでは2009年に国民背番号制「アドハー（Aadhaar）」が導入され、氏名、生年月日、住所、顔写真のほかに、指紋や虹彩などの生体情報まで中央のデータベースに登録され、普及率は90％以上にのぼります。納税などの行政サービスを受けるとき、銀行口座を開設するとき、ＳＩＭカードの購入、オンラインチケットの購入などあらゆるところで必要です。

――日本のマイナンバーカードは電子証明できる非常に強力なデジタルＩＤですが、普及率が３割程度では国としては使えません。

野口　普及しない原因は国民が国を信用していないからでしょう。マイナンバーカードを取得すると何か悪いことが起きる、税務調査に入られてしまう、銀行口座の内容が漏れる、といった声を聞きますが、国民が国を信用していないのです。マイナンバーカードを普及させるためには、国民が国を信用するか、国が国民に強制するかしかありません。しかし、中国やインドのようにＩＤ導入を強制することは日本では不可能です。

デジタルＩＤ発行の行方は、個人のプライバシーを守れるか否かで、「よいデジタル化」と「悪いデジタル化」に分けられます。仕事の生産性が向上して生活も便利になったけれど、プライバシーが侵害されて自由がなくなってしまえば本末転倒です。生産性の向上とプライバシーの兼ね合いは大変難しい問題ですが、システムについては、マイナンバーカードのような中央集権型ではなく、エストニアのようにデータの改ざんができないブロックチェーンを用いた分散型のシステムを選択するべきです。この違いは日本ではあまり意識されていませんが、重要なことです。

デジタル化の成否は「人間」の問題

——世界各国がデジタル化による経済成長でしのぎを削っています。

野口　日本では人口減少が問題になっていますが、デジタル化は労働力の減少を補うためにさまざまなことが可能になります。その一つに「デジタル移民」があげられます。

私はアメリカにいた2004年、アメリカの保険会社に電話をかけると、対応した女性が大変丁寧で驚きました。ふと気づいて「あなたはインドにいますか？」と聞くと「イエス」と答えました。20年近く前のことですが、インドにコールセンターを設置するアメリカの企業はすでに増えていました。インターネット通信が普及するとアメリカはインドに人材を頼るようになり、アメリカの生産性向上につながりました。インターネットを用いて海外の労働力を利用しているという点で「デジタル移民」と呼べるでしょう。インド人は英語を話せるために可能になりました。日本が同様のことをするためには言葉の壁がありますが、言葉の問題はいずれはＡＩが解決してくれるでしょう。

アメリカと中国では情報技術の覇権をめぐって熾烈な争いが続いています。中国では２０２０年に、アリババグループのＩＴ企業・アントの上場を政府が止める事件が起きて世界にショックを与えました。中国共産党は民間ＩＴ企業の規制を強化するという政策に転換し、中国政府が進めているデジタル人民元発行の狙いも、送金情報を国家の手に集めることにあるという解釈もできます。中国政府の姿勢は米中デジタル戦争にも大きく影響するでしょう。

こうした激しい争いのなかで、日本のデジタル化は〝脱ハンコ〟であり〝脱ファクス〟というレベルです。学校にたとえればアメリカと中国は大学または大学院であり、日本は小学校も卒業していないという段階です。

日本がデジタル先進国になるためには、適切な政策の推進、技術力の向上、組織の改革など課題は多くあります。デジタル化は人間の問題であり、国民一人ひとりの問題であることを自覚しなければいけません。

のぐち・ゆきお●1940年生まれ、東京都出身。63年に東京大学工学部を卒業し、大学院中退で64年に大蔵省入省。72年、エール大学で経済学博士号を取得。一橋大学教授、東京大学教授（先端経済工学研究センター長）、スタンフォード大学客員教授、早稲田大学院ファイナンス研究科教授などを経て、一橋大学名誉教授。専門は日本経済論。著書に『情報の経済理論』（東洋経済新報社＝日経経済図書文化賞）、『財政危機の構造』（東洋経済新報社＝サントリー学芸賞）、『バブルの経済学』（日本経済新聞出版、吉野作造賞）、『ブロックチェーン革命』（日本経済新聞出版社＝大川出版賞）、そしてベストセラーとなった『「超」整理法』（中公新書）など多数。近著に『良いデジタル化 悪いデジタル化』（日本経済新聞出版）。

第五章

政治家にも経営者にも国民を豊かにするという「魂」がない

浜 矩子（同志社大学大学院ビジネス研究科教授）

安倍政権の経済政策アベノミクスを〝アホノミクス〟と呼び、当初から一貫して批判、問題を指摘してきた経済学者の浜矩子氏。そのアホノミクスで日本人の給料は全体で見れば若干上昇したが、恩恵に浴したのはごく一部の人たちだった。しかも、格差が広がるなどさまざまな問題も露呈した。浜氏によれば、多くの人たちの給料が上がらなかったのは必然であり、日銀の異次元大規模金融緩和も、看板に掲げた「デフレ脱却」が目的ではなかったと言う。浜氏がアホノミクスの正体を語り尽くす。

（取材日：2021年9月2日）

——安倍政権が約8年続いた後に菅政権に引き継がれました。この間も多くの日本人の給料は上がりませんでした。原因は何なのでしょうか？

浜　安倍元首相は〝アホノミクス〟で日本経済を強くしようとはしましたが、国民を豊かにしようとは思っていませんでした。だから給料が上がらなかったのは必然なのです。

安倍政権が前面に打ち出した一つの指標に、企業のＲＯＥ（自己資本利益率）があります。投資家から集めたお金を効率的に使ってどの程度、利益を出したかを測る指標ですが、これについて「ＲＯＥ８％台の達成」[※1]を目指せと具体的な数値目標を掲げて企業を煽り立てました。そして政権の掛け声に連動するように、２０１４年には日本取引所グループと日経新聞が共同開発した新しい株価指数「ＪＰＸ日経インデックス４００」がスタートしました。スタートした後、国内最大の投資家であるＧＰＩＦ（年金積立金管理運用独立行政法人）などがＪＰＸ４００をベンチ

※１　「ＲＯＥ８％台の達成」……「ＲＯＥ」（Return On Equity＝自己資本利益率）は、投資家が投じた資本に対して企業がどれだけ利益を上げたかを表し、ＲＯＥが高いほど経営効率がいいということになる。計算式は〈当期純利益÷自己資本×１００＝ＲＯＥ（％）〉。伊藤邦雄・一橋大学教授（当時）を座長とした経産省のプロジェクト「持続的成長への競争力とインセンティブ～企業と投資家の望ましい関係構築～」の報告書（通称「伊藤レポート」）が２０１４年に発表され、この中で「最低限８％を上回るＲＯＥを達成することに各企業はコミットすべきである」と書かれて大きな反響を呼んだ。

マークに採用したこともあり、JPX400に選ばれるか否かでとくに大企業の株価が左右されるようになりました。このJPX400もROEが重要な選択基準になっているため、大企業はその数値向上を迫られたのです。

ROEを高めるためには利益を増やすことが正攻法ですが、もちろんそれは簡単ではない。そこで企業は他のさまざまなあの手この手で数字を整えようとします。その一つが自己資本を減らすための自社株買いです。もう一つはコストを削減することであり、それには最大のコスト項目である人件費を減らすのが一番手っ取り早い。こういうふうに企業の発想が展開するなかでは、人々の給料が上がるわけがありません。安倍元首相は2013年1月の通常国会での施政方針演説で、「世界で一番、企業が活躍しやすい国を目指します」と豪語しました。また「日本の稼ぐ力を取り戻す」とも宣言しました。「稼ぐ力」なんて実に品のない表現ですね。この下品な目標達成のために法人税の税率を下げる一方で、企業に対しては「稼げ・儲けろ・コストを削れ」とプレッシャーをかけまくったのです。

そもそも国が企業に対して具体的な収益目標の達成を迫るのは過剰介入ですが、

ひたすら「稼ぐ力を取り戻す」ことを追求する安倍元首相はそんなことなど意に介さなかった。

――安倍政権の「働き方改革」などの雇用政策もそれに連動しているということでしょうか。

浜　安倍元首相は上記の「企業が活躍しやすい国を目指します」宣言の下で経済戦略特区制度を打ち出しました。そのなかで、企業にとって都合のいい雇用制度を展開することを目論んだのです。チームアホノミクスが打ち出した「働き方改革」は「柔軟で多様な働き方」という耳障りのいい言葉を隠れ蓑にして、人々を労働法制では守られにくい非正規社員やフリーランサーとして働く方向に追いやろうとしました。企業から見れば、この流れは労働コストの削減につながりますが、労働者は待遇が悪化し、身分も不安定になっていく。こんな展開を政策が推進するなどということは、チームアホノミクスしかやっていません。

欧米諸国でも非正規雇用やフリーランスが増えていますが、それを政策がプロモーションしたわけではありません。欧米の政策は、非正規化していく人々の労働者としての権利をどう守るか、労働法制をどう変えれば彼らを守れるのかを考えてきました。

アホノミクスの下では「ヒトのモノ化」が進んだ。そのように言えると思います。現に、インターネットで「人件費の変動費化」というフレーズで検索をかけると、「変動費に変えるメリット」「変動費化で経営革新」「重要な経営手腕のひとつ」などの言葉が溢れるようになっています。人件費とは本来、企業の売り上げや利益にかかわらず一定額が発生する「固定費」のはずです。企業は予算を組む時に人件費を固定費として考えてきたのですが、これを売り上げや利益に応じて増減する「変動費」に変えてしまう。このようなことを企業が必死で考えるようになってしまっている。人件費を原材料費と同様の扱いにするというわけです。すなわち「ヒトのモノ化」です。

「ヒトのモノ化」の方法は各種あります。正規雇用者を非正規雇用者に切り替える。契約期間内であっても、仕事が発注されなかった時間に関しては給与を支払わないという「ゼロアワー契約」（ゼロ時間契約）を導入する。正規雇用社員の給料を業績連動型に変える。こうした人件費の変動化手法について、ネット上でさまざまな指南が繰り広げられているのです。
　アホノミクス下では大企業の業績が上がり、経済成長率も低空飛行ながらプラス成長が続いたため、ある程度成果を上げたように見えたかもしれません。成功の証として、雇用者数の増加が盛んに喧伝されました。ですが、頭数は増えても雇用の質が大きく下がったことは明白です。

日銀の大規模金融緩和「真の目的」

――安倍政権下で始められた日銀による異次元の大規模金融緩和は現在も続いていますが、インフレ2％の目標はいまだに達成できていません。

浜　日銀の黒田（東彦）総裁はデフレ脱却を目標に掲げましたが、本当にデフレ脱却を目指していたのか。私には疑問です。「異次元緩和」の本当の狙いは財政ファイナンスだった。それが真相だと私は思います。政府のために、政府の言うなりに、カネを振り出す打ち出の小槌になる。そのための異次元緩和であり、そのための日銀による国債大量購入だった。そう確信して止みません。

今、日銀が展開している金融政策は「長短金利操作付き量的・質的金融緩和」です。このやり方が打ち出された時点で、2％の物価目標に関する日銀の言い方が変わりました。「物価上昇率が安定的に2％を超えるまで」現行の金融政策を続けると言い出しました。「2％を達成するまで」異次元緩和を続けるというのであれば、2％を達成したら異次元緩和をやめなければなりません。つまり、国債の大量購入をやめなければいけないということです。もしも2％を達成してしまったらどうするつもりなのだろう。私は常々そう考えてきました。この疑問に対するチームアホノミクスの答えが「安定的に2％を超えるまで」という表現への切り替えでした。何をもって安定的というのか。どれくらい2％を超えればいいのか。これらのことについては、すべて日銀の判断にゆだねられるのです。これなら、いつまでも大規模金融緩和を続けることができてしまいます。

黒田総裁は2013年3月に就任しました。日銀総裁の任期は5年ですが、黒田氏の就任からはすでに8年半が過ぎました。異例の長期在任です。ひたすら打ち出の小槌に徹するためにその座がキープされている。黒田総裁の下で、日銀はチームアホノミクスの中央銀行支部と化してしまいました。

インフレ2%の看板を下ろしたのも、黒田総裁の任期が延長されたのも、そもそも真の目的はデフレ脱却にはなく、大規模金融緩和を続けること自体が目的だったのです。そして大規模金融緩和を続ける目的は、政府が望むとおりに日銀がお金を刷ってくれて、政府が自由に使えるお金を限りなく大きくしていくということです。安倍元首相は退任後の今年（2021年）7月、自民党議員のパーティにゲストとして出席した際、「政府と日銀の関係は親会社と子会社のようなものであり、日銀は輪転機を回して、（原価）20円の1万円札をどんどん刷ることだ」と言っています。同じ趣旨のことは以前にも別の場所で言っているので、確信犯です。在任中にも、政府と日銀が一体化した「統合政府部門」の形成を目論んでいそうな発言をしていました。

国債価格暴落で追い詰められるのは弱者

――日銀法は第3条で「日本銀行の通貨及び金融の調節における自主性は、尊重されなければならない」と規定され、いわゆる日銀の独立性は担保されています。

浜　中央銀行が政府から独立していることは、経済の世界において民主主義を強権から守る防波堤が健在であることを意味します。政府の思惑どおりに中央銀行が動くようになってしまえば、経済は権力に私物化されます。政府が親会社だと言い、日銀を子会社呼ばわりするチームアホノミクスの大将は、まさに自分の野望達成のために日本経済を私物化し、手段化することを企んでいたのです。

チームアホノミクスの中央銀行支部と化した日銀の異常行動は、国債大量購入にとどまりませんでした。黒田総裁の下で、日銀は株式市場に乗り出しました。ETF（上場投資信託）を通じて株式の大量買いを始めたのです。中央銀行が株を買うというのは、まさしく異常行動です。

多くの国々の中央銀行が量的緩和のための国債購入を行ってきました。しかしながら、いずれの中央銀行も株には手を出していません。それだけはやらない。それが中央銀行たるものの節度だと心得ているのです。ところが、黒田日銀はどんどん株式市場に踏み込んで行きました。いまや、多くの企業にとって日銀が最大の安定株主になってしまいました。日本の株価は日銀の許容範囲内でしか動かなくなりました。日本の株式市場は日銀による統制市場と化してしまったのです。そのような株式市場で形成される株価には何の意味もありません。

アホノミクスの大将のために、アホノミクスの大将が心地よいレベルに日本の株価を維持する。それが日銀のETF買いが目指すところです。

国債市場も、日銀の大量購入によってすっかり異様な姿を呈するようになりました。いまや、日銀の国債保有残高は日本の名目GDP（2019年度558・3兆円）にあと一息に並ぶという水準に達しています。中央銀行の国債保有規模がその国の経済規模に等しいというのは、実に奇異な姿です。まともに機能している経済の姿ではないですね。国債が市場を通じて消化されていない。アホノミクスの大将が言う「政府の子会社」としての中央銀行が買わなければ国債が売れないということです。つまり、日本の財政は既に事実上破綻しているわけです。この事実を隠蔽するために日銀が国債を購入しているという図式です。

こうして積み上がった日銀保有国債について大きな損失が発生したら、このロスは国庫が補填しなければなりません。破綻している政府が、破綻の事実を隠すために国債を購入している日銀の損失を補填する。何とも奇妙な構図です。政策の歪《ゆが》みが嵩《こう》じれば、こんな不条理な構図も浮上することになりかねません。

日本国債の発行残高は今年3月末時点で1218兆円に達し（国庫短期証券を含む）、そのうち日銀が44・5％を保有していますが、国内の金融機関や機関投資家、年金基金、海外の投資家なども国債を保有しています。国内外の投資家が国債への信認を失って売り出せば国債価格は暴落します。安倍元首相が話したとおり、物理的には日銀は輪転機を回して1万円札を刷れば国債を買い続けることができますが、国債価格が暴落すれば円安となり、インフレーションが起きます。インフレになれば借金の額は目減りし、政府の借金返済は容易になります。政府はそれを狙っているとも邪推したくなりますが、現在のように賃金が上がらない状況でインフレが起きれば生活物資の価格だけがどんどん上がり、人々の生活は行き詰まり、とりわけ弱者は追い詰められてしまいます。

しかしながら、日本の稼ぐ力を取り戻せと叫んで企業にＲＯＥ８％を要求したチームアホノミクスはそんなことにはお構いなし。彼らの辞書に「弱者救済」という言葉は含まれていないのです。

安倍政権の後を引き継いだ菅政権も同様でした。菅前首相の経済運営を私は「スカノミクス」と命名しました。スカノミクスにもまた、アホノミクスと同様、弱者救済のモチーフなしです。菅前首相は、「自助・共助・公助」の方針を掲げました。まず自分のことは自分で何とかしろ。それでだめなら身内を頼れ。それでもダメなら公助が出動するかもしれない。スカノミクスには、自助力なき者への冷たさが充満していました。

円安により日本経済が成長するという幻想

——安倍政権では円安が進みました。為替については円安がいいのか円高がいいのか、常に議論の分かれるところですが、浜さんはどのように考えていますか？

浜　日本はそもそも債権大国[※2]です。通常、債権国の通貨の価値は上がり、借金国の通貨の価値は下がります。実際の為替変動にはさまざまな要因が作用するので常に理屈どおりにいくわけではありません。ですが、1ドル＝150円の方向に向かうのと1ドル＝50円の方向に行くのと、どちらが理に適っているかといえば、それは50円のほうだと考えられます。

ここで、日本はいまや輸入大国なのだということを確認しておく必要があります。近年、日本の消費はあまり伸びていないとはいえ、その規模は大きく、内容は多様です。そして、その多くは輸入に頼っています。日本の製造業も輸入依存度は高まっています。彼らのサプライチェーンはグローバル化しています。日本の輸出企業は原材料の多くを海外で調達しています。ですから、輸出が増えれば輸入も増えるという関係になっているのです。2000年代初頭の日本の輸入額は年間40兆円程度でした。その後増加し、2008年のリーマンショック時に2倍の80兆円まで増えました。その後輸入額は激減しますが、再び増えて現在も80兆円程度です。日本は輸出大国だというイメージは今なお根強いですが、実際には輸入大国なのです。

輸入額と輸出額を比較しても、1980年代から2000年代にかけて輸出が輸入を年間10兆円程度上回っていましたが、輸入の伸びが大きく、2010年代には輸入が輸出を上回るようになりました。輸入大国は自国通貨の価値が上がれば、生活コストも生産コストも下がるわけです。その意味で、今の日本では企業も家計も円高によって恩恵を得る。いまや、そういう時代なのです。

※2　債権大国……日本の対外純資産は2020年末時点で356兆9700億円となり、30年連続で世界最大の債権国の地位を維持した。対外純資産は企業や政府などが海外に保有する「対外資産」から海外投資家が日本に持つ「対外負債」を差し引く。対外資産の総額は1146兆1300億円だった。国・地域別で対外純資産が日本に次いで多いのはドイツで323兆4700億円、3番目は香港の223兆900億円。

――にもかかわらず、安倍政権が円安政策をとった根拠は何だったのでしょうか？

浜　理に適《かな》わないことを考える人の政策選択について、その根拠を見極めることは難しいですね。端的に言えば時代錯誤的円安信仰が根拠だったということになるでしょう。この時代錯誤性に着目して、私はアホノミクスを「浦島太郎の経済学」とも呼んできました。

安倍元首相はよく、「あの時の日本人にできたことが今の日本人にできないわけがないじゃありませんか」という言い方をしました。彼が言う「あの時」は、二つあります。一つが明治維新時で、もう一つが高度経済成長期です。高度成長期には、たしかに円安に後押しされた輸出主導型成長が大きな役割を果たしました。アホノミクスの大将は、今の日本人にあの時と同じことをさせようとしたのです。彼は、いまなお、日本経済が「あの時」と同じ輸出立国の国なのだと思い込んでいる。しかも、高度成長期という「あの時」と同様に、円安を追い風とする安価な製品の大量輸出で稼ぐ経済だと考えている。現実には今の日本の輸出品は価格競争力で勝負するようなものではなくなっています。いまや、日本の輸出は品質勝負の世界に踏み込んでいます。

——円安政策は、経団連の中心を占める輸出型大企業の要望でもあったのでしょうか？

浜　輸出型企業は円安になれば円建ての売り上げや利益の額が膨らむため、円安のほうがありがたいというのはあるでしょう。一部の大企業は安倍政権に円安を要望したかもしれませんが、今も申し上げたとおり、輸出構造が変わって以前ほど円安のメリットはなくなっています。経団連のなかでも、逆に円高を望んでいる企業は少なくないと思います。しかし、安倍政権が円安政策を選んだ以上、それに合わせざるをえないという面があったのではないでしょうか。

安倍政権があれだけ株高を目指したのも、経団連大企業にとって都合がよかったという以上に、安倍元首相が志向する強い経済は、高い株価に反映されなければならないという思い込みがあったためでしょう。チームアホノミクスの大将としては、自分が登場したから円高が円安に転換した。自分の登場が株高をもたらした。そう自負していた。だから、円安・株高は不滅でなければならない。そんなところだったと思います。むしろ、こういう思い込みの激しさが怖い。見当違いの思い込みに煽り立てられた政策が経済活動の姿を歪めて、人々を振り回す。これはとても恐ろしいことです。アホノミクスの下で何がどうなったのか。我々はそのことをしっかり把握しておく必要があります。

アホノミクスの大将が固執した円安によって、たしかに輸出企業の業績が好転しました。ですが、それでどこまで雇用が増えたか。賃金が上がったか。雇用については既に見たとおりです。たしかに頭数としての雇用は増えましたが、雇用の質は劣化しました。

円安の進行で原材料などの輸入価格が上がったわけですが、その分を販売価格に転嫁できなければ、それこそ人件費を変動費化してでもコストを削減しなければならない。不本意ながら、そのような行動をとるほかはない企業も相当数あったかと推察されます。

アホノミクスの下で「稼ぐ力を取り戻せ」と迫られ続けた日本企業たちは、コストはできるだけ圧縮する。生産性は上げられるだけ上げる。内部留保は可能な限り積み上げる。こんな構えに徹するようになっていった。そんな彼らが利益の労働者への分配に熱心になれるわけがありませんでした。

ROE8%目標にのしかかられた状態で、彼らは次第に「魂ある経営」から遠ざかってしまった。アホノミクスが日本企業を無魂化の方向に追いやったのです。アホノミクスが残した数多くの負のレガシーのひとつが無魂経営だと言えるでしょう。

今と比べれば、高度経済成長期の企業においては労使の関係が近く、経営側にも利益は労働者にそれなりにキチンと還元し、さらにまた頑張ってもらうという発想があったのだと思います。労働組合がそれだけ強かったという要因もありますが、経営側にも理解があって労働者を豊かにしようという意識は高かったと思います。アホノミクスの大将が高度成長期について「あの時の日本人にできたことが今の日本人にできないわけがない」という言い方をするなら、彼は「あの時」のような労使関係と経営の有り方を「取り戻す」ことを提唱すべきところでした。ですが、彼が棲息《せいそく》する世界は、このような発想とはあまりにも遠いところにあります。

経団連が主導して「内部留保基金」を

――企業による内部留保の積み上げについてはどう考えていますか？

浜　「内部留保は貯金ではない」ということがいわれます。たしかに内部留保のすべてが現金で貯め込まれているわけではありませんが、圧倒的に現金で持っているというのが事実です。いずれにせよ、事業者が事業活動に投じることなく、内部留保を今のように積み上げているという状況はやはり異様です。

しかも、それが長く続いてきたため悪循環を招いています。競合他社に比べて内部留保の額が少ないと企業としての評価が低くなり、株価が下がるとか資金調達に支障をきたすという状況です。そのためさらに内部留保を積み増すという悪循環なのです。

私が勤めている同志社大学ビジネススクールの受講生のなかには、多くの中小企業経営者がおいでです。彼らからは、「内部留保がなければ心配だ」という声が上がります。厳しい経済環境のなかで何が起きるかわからない。その時、どこまで銀行に頼れるかわからない。頼ろうとしても、銀行による評価でさえ内部留保の厚みが問われるというのです。そのために無理をしてでも内部留保を積み増しているのです。そのことに疑問を持っている経営者は少なくありませんが、それでもやめられないという状況なのです。

たとえば経団連が主導して企業に内部留保を拠出してもらって「内部留保基金」をつくり、企業に何か起きたときにその基金からお金を出して支援するという仕組みをつくるというのは、どうでしょう。残念ながら経団連の中からそういう話が出てくるとは思われませんが、日本企業の内部留保志向がこれだけ強まった以上、抜本的な対策を取らなければ簡単には変わらないでしょう。

――安倍元首相が「日本経済を強くする」と言ったのは、何が目的だったのでしょうか？

浜　チームアホノミクスの大将は第一次安倍政権の時代から、自分の目指すところは「戦後レジームからの脱却だ」と言っていました。戦後という枠組みから飛び出したい。戦後は嫌だというわけです。戦後が嫌なら、行けるところは一つしかありません。戦前の世界です。すなわち、彼は今の日本を戦前の大日本帝国の世界に引き戻そうとしていた。21世紀版大日本帝国の構築。それが彼の狙いでした。だからこそ、改憲に執着した。そして、アホノミクスにはこの21世紀版大日本帝国のために強くて大きな経済基盤を形成する役割が託された。

チームアホノミクスの大将は2015年4月に訪米して講演した際、「私の外交安全保障政策はアベノミクスと表裏一体」と言いましたし、「GDPを大きくすることで国防費を増やすことができる」とも言いました。安倍元首相が強い日本経済を「取り戻す」ことにこだわったのは、日本国民のためではなかった。あくまでも、21世紀版大日本帝国の経済基盤づくりのためでした。そのために、企業にも稼ぐ力を強化することを求めたわけです。このような体質の人が、魂ある経営を提唱するわけがありませんね。

安倍政権を引き継いだ菅前首相は、イタリアの政治思想家であるニッコロ・マキャベリを尊敬していると公言し、著書『政治家の覚悟 官僚を動かせ』（文藝春秋）の中で、「マキャベリの言葉を胸に歩んでいく」と書いていました。マキャベリは、権力を絶対化・恒久化するための術を君主に教えてきた人であり、権謀術数の代名詞です。たとえば代表作『君主論』では、「国家を造り、その法体系を整備する者は、万民が邪悪だと想定しなければならない。彼らを野放しにすれば、彼らは常にその悪しき魂に従って行動するのである」という言葉があります（編集部注：訳は浜氏）。菅前首相はこんな言葉を胸に歩んでいたのです。

実際、菅前首相は異論を排し、自分の意のままにならない官僚は「異動させていただく」と公言したと報じられてきました。縦割り行政打破を唱えましたが、それも行政への支配力を自分の手元に集約するためのことでした。彼が目指したのは21世紀版大日本帝国の構築ではなかったかもしれません。そうした具体的なビジョンではなくて、ただひたすら絶対権力を絶対化することが自己目的化している。彼はそのような人なのだと思います。

いずれにせよ、スカノミクス親爺《おやじ》の辞書にもまた、チームアホノミクスの大将と同様に、弱者救済という言葉は収録されていないでしょう。

日本に欠けているのは「成長」ではなく「分配」

――しかし安倍政権の支持率はずっと高く、40%を割りませんでした。

浜　安倍政権の支持層は3種類あったと思います。一つは筋金入りの自民党支持層。首相が誰であろうと保守政権が続いてもらわなければ困ると考えている人たちです。安倍政権に対する評価は決して高くなかったけれど、何よりも保守政権が崩れることを恐れたという人は多かったようです。

もう一つは厳しい経済環境にある中小・零細企業の経営者たち。安倍政権にデフレ脱却を期待し、それがなかなか実現しなくても、支持をやめて再び政治が混迷に陥るのを恐れて途中で放り投げることができなかった人たち。

そしてもう一つは若年層です。安倍政権が打ち出した「働き方改革」にせよ「一億総活躍社会」にせよ、または「ソサエティ5・0」なんて言葉もありましたが、こうしたキラキラネームのような言葉に新しい世界の幻想を見た人たちです。安倍政権では、物事を真摯に考える人なら到底思いつくはずのない薄っぺらなフレーズが次々と出てきましたが、若年層はそれに振り回され、丸め込まれてしまった。

——安倍政権を引き継いだ菅政権は早くも倒れて岸田新政権が誕生しますが、政府がすべきことは何でしょうか？

浜　現状において日本の政府が取り組むべきテーマは明らかです。それは「豊かさの中の貧困」の解消です。日本は低成長が続いていますが、ＧＤＰの規模で言えば今も世界第3位であり、債権大国です。豊かな国なのです。にもかかわらず、ＯＥＣＤ諸国のなかで貧困率（相対的貧困率[※3]）が高いのです。貧困率が低いのはアイスランド（4・9％）、デンマーク（6・1％）、フィンランド（6・5％）などです。これに対して日本は15・7％で国民の6人に1人が貧困状態にあるのです。

日本は成熟経済大国で、大いなる富を有しています。それなのに、6人に1人が貧困に喘《あえ》いでいるというのは、実に奇異にして由々しきことです。この状態の是正に全身全霊を投入する。これが、今日の日本において政策がなすべきことです。

果たして岸田政権にそれができるのか。彼は「成長と分配の好循環」を目指すと言っていますが、これはアホノミクスからの丸ごとパクリです。所詮は初めに成長

所得金額階級別世帯数の相対度数分布

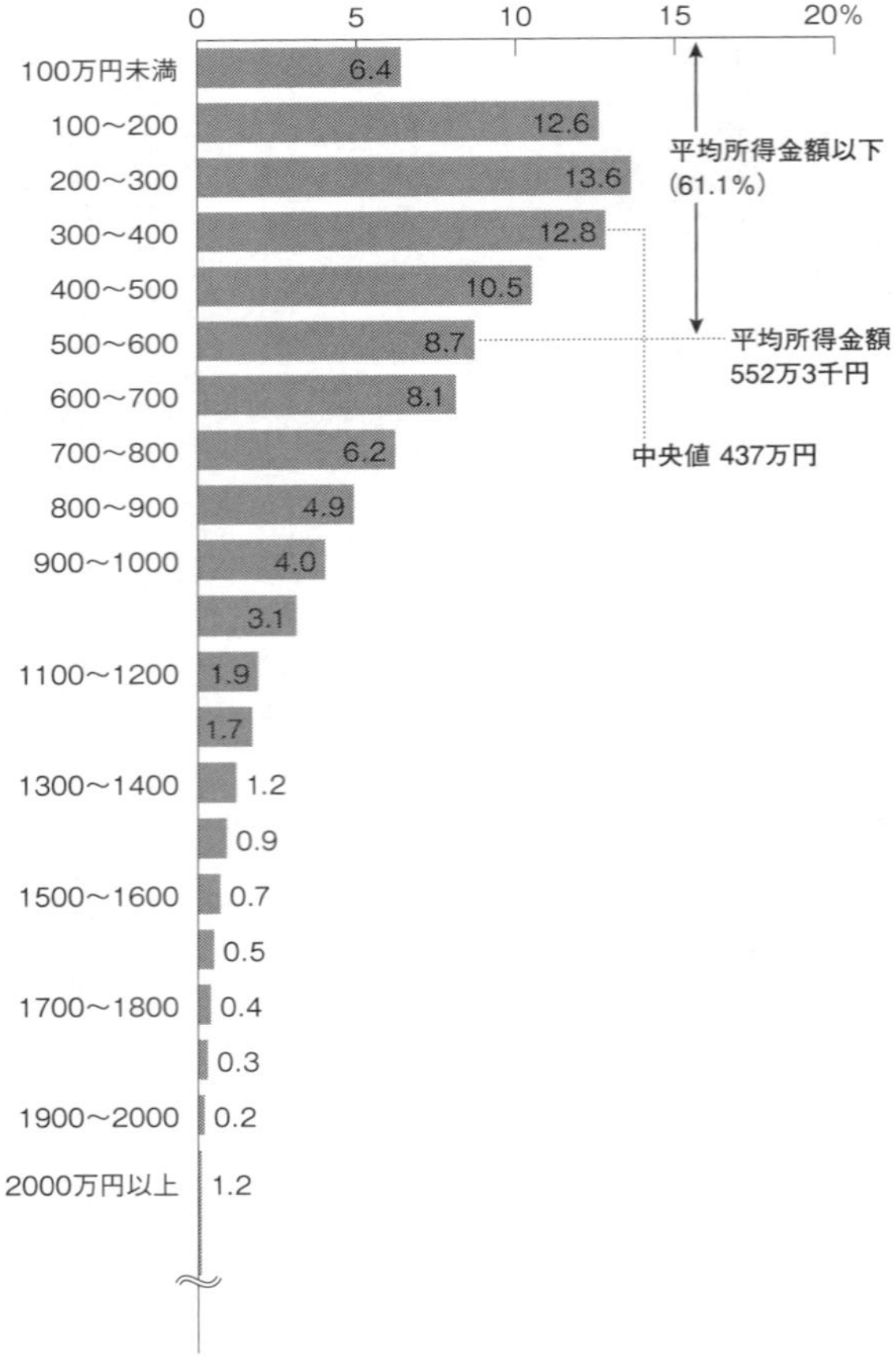

（出所）2019年 国民生活基礎調査

ありきです。「分厚い中間層」を復活させるとも言いましたが、こっちは民主党政権時代の野田首相期からのパクリです。人の言葉のパクリでしか語れない人に、「豊かさの中の貧困」という大問題に本格的に取り組む気概があるとは思えません。

岸田氏の経済運営を私は「アホダノミクス」と呼ぶことにしました。アホノミクスVer.2であり、結局は「困った時のアホ頼み」だという読みが込められたネーミングです。アホダノミクスのお父さんは自分の特技は「聞くこと」だと言います

※3　貧困率（相対的貧困率）……「相対的貧困率」は、国民を所得順に並べてその中央値の半分以下の所得しか持たない人の割合であり、その国の所得水準に対して貧困にある人の割合を示す。日本では「子どもの貧困率」も1980年代から上昇傾向にある。親子2人世帯の場合は公的給付を含めて月額所得14万円未満が該当し、現在の日本では子ども7人のうち1人が貧困状態にあるとみられ、OECD諸国では最悪の水準。子どもの貧困は教育格差により将来の所得格差につながると懸念されている。日本財団は、子どもの貧困をこのまま放置した場合と、教育格差を改善した場合の2つのシナリオを比較し、このまま放置した場合はわずか1学年あたりでも経済損失は約2・9兆円に達し、政府の財政負担は1・1兆円増加するとした（日本財団「子どもの貧困対策」より）。

が、彼の耳に弱者の呻《うめ》きが届くでしょうか。

豊かさの中の貧困を解消するためにやれること、やるべきことはあります。第一に法人税と所得税を見直すべきです。法人税は世界的に引き下げ競争が続いてきましたが、米国のバイデン政権でさえ、大企業への課税強化を通じて所得の再分配を進める方向です。また日本の所得税は最高税率が引き下げられ、累進度が下がりました。お金持ちを優遇したわけですが、最高税率を引き上げて累進度を高めるべきでしょう。

はま・のりこ●1952年生まれ、東京都出身。一橋大経済学部卒業後、三菱総合研究所入社。90年から98年まで同社の初代英国駐在員事務所長としてロンドン勤務。同社主席研究員を経て2002年より現職。専攻はマクロ経済分析、国際経済。著書に『〝スカノミクス〟に蝕まれる日本経済』（青春出版社）、『「共に生きる」ための経済学』（平凡社新書）、『人はなぜ税を払うのか——超借金政府の命運』（東洋経済新報社）ほか多数。

第六章
雇用のセーフティーネット不在の影響が大きかった

神津里季生（日本労働組合総連合会前会長）

労働組合の連合体として日本最大の組織である連合。登録者数は一時減少したものの非正規労働者にも加入が拡がり、現在は700万人を超えた。賃金については、各労働組合が企業と交渉する春闘（春季生活闘争）で指導的役割を果たしてきた。連合から見て、長期間の賃金減少傾向はどのように映ってきたのか。また、非正規雇用労働者の割合が増えて雇用形態が多様化するなかで、連合の役割はどのように変わってきたのか。神津氏の会長退任前、2021年8月に話を聞いた。

（取材日：2021年8月23日）

――バブル崩壊後の1990年代後半以降、日本人の給料は長期減少傾向にありますが、原因をどのように考えていますか？

神津　世間一般でいわれる「終身雇用」のことを私たちは「長期安定雇用」と言ってきましたが、日本の高度成長期はその形態、いわゆる正社員として長く働くことが主流でした。平成の時代に入ってバブルが崩壊するのですが、直後の1995年に、当時の日経連（日本経営者団体連盟）が報告書「新時代の『日本的経営』[※1]」を発表しました。

日経連は後に経団連（経済団体連合会）と統合して日本経団連となりますが、経団連が経営者の意見を政治に提言するのに対し、日経連は経営者の立場から労務問

※1　「新時代の『日本的経営』」……日経連は「人間中心（尊重）の経営」「長期的視野に立った経営」の普遍性を強調しつつ、産業構造の変化に対応するシステムを検討する必要があり、雇用の流動化は避けられないとして、今後の雇用形態を「長期蓄積能力活用型グループ」（※終身雇用）、「高度専門能力活用型グループ」（※専門職）、「雇用柔軟型グループ」（※非正規社員）に動いていくと示した。「雇用柔軟型グループ」の処遇については、時間給制で昇給も退職金・年金もない有期雇用契約とした。また、厳しい経済環境下で総額人件費の徹底化が求められるとして、「定期昇給」という言葉は賃金が毎年上がる意味合いが強く、今後の経営環境の変化にそぐわないため、単に「昇給」または「昇給制度」という言葉を使用するとした。さらに、年間賃金に占める賞与の割合は30％程度だが、今後は業績との関連を強めるとともに、賞与の割合を40％に高めるとした。

題を提言する役割を担っていました。

その日経連が「新時代の『日本的経営』」の中で、「今後の雇用形態は3つに分かれていく」という指針を示したのです。1つ目はこれまでどおりの長期安定雇用、2つ目は高度な能力を活用する、いわゆる専門職としての雇用。そして問題は3つ目で、「雇用柔軟型グループ」と名付けられました。「雇用柔軟」と書いてはいますが、要するにこれが非正規雇用につながっていく考えだったのです。実際、雇用柔軟型グループの処遇は、時給制による有期雇用契約で「昇給なし」と明示されました。

日経連がこれを打ち出したのは、もちろんバブル崩壊により経済状況が厳しくなったことと無縁ではなく、人件費削減ということも念頭にあったでしょう。そして1997年に金融危機が起きて経営環境が一層厳しくなると、日経連が打ち出したこの考えが多くの企業に合致して非正規雇用が増えていくのです。

企業の業績が改善してもなぜ昇給がなかったのか

——非正規雇用の増加は賃上げにどのように影響したのでしょうか？

神津　日本の雇用は、非常に縦割りで硬直的なところがあります。主流をなした長期安定雇用の形態は、新卒で入社して同じ会社で定年までずっと働く雇用です。正社員として別の会社に転職することもなければ、逆に30代、40代になって正社員として入社することも難しい。金融危機の後、企業が新卒正規社員の採用を絞ったために「就職氷河期」が訪れ、正社員として入社できないために非正規社員として契約する人たちが増えました。その方々の年齢が上がっていっても、硬直的な労働市場の下では途中から正社員として雇用されるのが大変難しいという問題が起きました。

日本では、そもそも雇用の流動性が低く、労働市場（転職市場）がなかなか育ってこなかったという問題もあります。非正規雇用労働者にしても、労働市場が機能すれば、売り手市場のフェーズではより条件のいい長期安定雇用の仕事・無期雇用の形態へ移ることができるはずです。労働市場が機能していれば、雇用が安定している場合は給料が少々低くても、しばらくの我慢を強いたとしても、雇用が不安定であれば給料を高くしてしかるべきですが、そうなりません。いずれにせよ、こうして低賃金の非正規雇用が増えると、正規雇用も含めて全体としての賃金水準が下へ引っ張られるということになるのです。長期間にわたり賃金が上がらなかったのは、正規と非正規に雇用が分断された構造と、そのもとで非正規が増大してきた影響が大きかったのです。

——2000年代に入ると企業の業績は改善して利益が出るようになりましたが、給料は上がりませんでした。

神津　春闘が始まったのは高度経済成長期の1955年のことです。当時の物価上昇率は5％前後からはじまり、インフレーションの亢進でさらに率が上昇していきました。春闘で要求したのは第一に「物価上昇をカバーしうる賃上げ」であり、その次に、「経済の成長分を賃金に上乗せする」というものでした。その後長い間、物価が上昇して経済も成長していたため、春闘は賃上げと経済成長を循環させる機能を果たしてきたのです。

しかし、1997年の金融危機により経済環境が悪化して、物価が上がらないデフレ的状況が起きると、それまでの、物価上昇に合わせた賃上げは要求する根拠が希薄になりました。また、企業の業績は改善しても経済成長率は低く、1991年から2020年度までの成長率をみても平均0・7％という状況であり、経済成長分を上乗せするという要求の考え方も困難さを増していきました。

結局、それらが悪循環をもたらしたのだと思います。物価が上がらないため賃金が上がらず、賃金が上がらないために消費が増えず、個人消費が6割を占めるGDPが上向かず……という悪循環です。

また2000年以降、大手企業は業績が上がった分は一時金、いわゆるボーナスで反映する傾向を強めました。具体的な金額の考え方はさまざまですが、大手企業では業績の伸長がボーナスに相応に反映されてきたと思います。しかし、業績の向上が賃上げにつながることはありませんでした。一時金は業績に応じて上げたり下げたりすることが比較的容易ですが、賃金には下方硬直性があり、上げた賃金を下げることは難しい。成長することが当たり前だった高度成長期とは異なるため、企業は賃上げはリスクだと考えたのでしょう。逆に、私たちはだからこそ月例賃金を重視してきたのですが、デフレ的経済状況のもとでは、なかなか上げることができなかったのです。

しかし、2008年の春闘では、マクロ経済の浮揚の兆しが見えつつあるなかで連合として要求の根本的見直しを図り、非正規労働者を含めたすべての勤労者に対する適切な配分を求め、労働側への実質1%以上の配分を要求しました。昔は、春闘では賃上げについて具体的な数字を掲げてきましたが、経済環境が悪化した2002年以降は、連合として具体的な数字をあげることができないでいました。2008年の春闘では7年ぶりに具体的な数字をあげ、結果は出したわけですが、直後にリーマンショックが起きて翌年は賃上げどころではなくなり、元に戻ってしまったのです。

大手企業と中小企業で格差が広がった理由

――2012年に第二次安倍政権が発足した後、2013年9月に、政府・連合・

経営者団体の代表が集まる政労使会議が開かれて、賃上げの必要性で一致し、2014年から政府が介入するいわゆる「官製春闘」が始まりました。官製春闘によって大手企業の賃金は上がったかもしれませんが、中小企業との格差が開いたと指摘されています。

神津　1997年の金融危機以降の20年間、いわゆる非正規雇用を含めた平均で賃金は下がり続けましたが、2014年以降は大手企業では賃金が多少上がるようになりました。私たちとしては上げ幅は不十分でしたが、連合内では賃上げを実現したわけです。しかし一方で、春闘による賃上げが中小企業を含めた全体には波及していないという問題があらわになりました。

現在の労働組合の組織率は、連合だけで見れば雇用労働者全体の12％、連合以外や団体未加盟を含めれば全体の17％です。しかし、従業員1000人以上の大手企業では組織率が40％を超えるのに対し、従業員100人未満の中小企業では組織率が0・9％しかなく、労働組合はないも同然です。大手企業と中小企業の間でこれだけ差が出るのはそもそも歪《いびつ》ですが、経済環境が厳しくなるなかで、本来であればより一層、労働者の声を代弁して経営者と交渉するという労組の機能が、多くの中小企業では存在しないのです。

また、連合に加盟している労働組合の多くは先ほど言った物価上昇、経済成長といった要素以前の問題として「賃金カーブの維持」を所与のものとしてきました。30代、40代と年を経れば結婚して子どもが生まれ、住宅を購入してというように年齢とともに必要な生活費が増えていきます。もちろん年齢や勤続年数が高まれば能力・成果も向上します。労働者の生活を守るためには、それらを反映した賃金カーブの維持が必要です。連合加盟の労働組合は1990年代後半以降もこの賃金カーブの維持は譲りませんでしたし、これを労使確認できている大手企業では実際に維持されました。一方で、労働組合がなければその確認ができていないケースは多く、中小企業には、ここでも差が出たという面は否めません。

「官製春闘」という、マスコミのつくった言葉自体にも大いに問題がありました。安倍首相が春闘という労使交渉に介入したかのような錯覚とともに官製春闘という呼称が流布されましたが、安倍首相は大手企業の集まる経団連に要望を出したため、大半の中小企業の経営者にとっては別世界の話と見えていたのではないでしょうか。

２０１４年、２０１５年の春季生活闘争の結果を見ると、連合加盟労組の中でも賃上げにおける大手企業と中小企業の規模間格差が生まれてしまいました。私たちはその傾向を修正すべく、２０１６年の春闘では「底上げ」を前面に出しました。その結果、連合加盟労組の中だけで見れば打ち出した効果はすぐに出て、大手と中小で賃上げ率の差が縮まり、ベア率（ベースアップ率）では大手を上回る中小企業も数多く出てきました。土台となる賃金水準が異なるため、中小企業が大手企業を率で多少上回ったとしても金額で追いつくには時間がかかりますが、格差解消という方向はつくりだしたのです。

この格差解消のために、日本では春闘は1年ごとに行っていますが、私の出身元である基幹労連、その前身組織の一つである鉄鋼労連では、欧米諸国で多く見られる複数年交渉の採用を検討し実施してきました。大手企業が複数年交渉をして方向性が定まれば、中小企業は毎年交渉を行って少しずつ追いついていくことができるという考えです。賃上げだけではなく、労働条件の基本的なものについて、大手は

平均賃金方式での賃上げ状況の推移（連合結成以降）

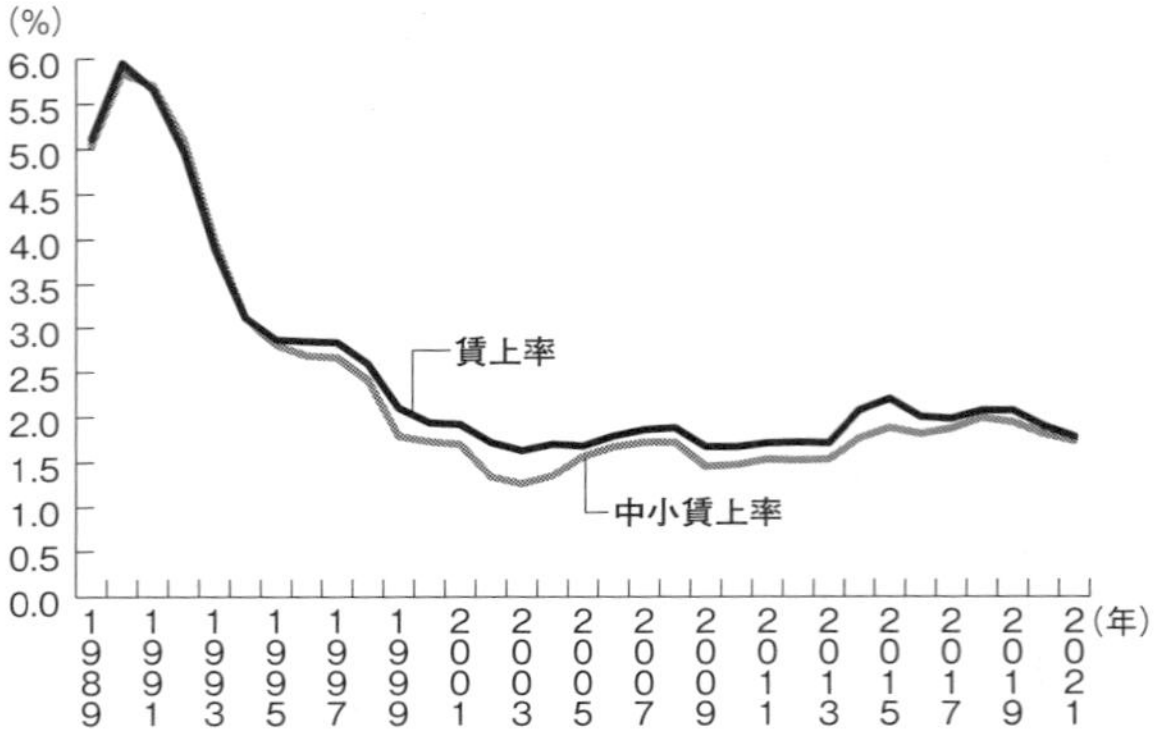

(出所) 日本労働組合総連合会 2021 春季生活闘争 第7 回 (最終) 回答集計結果
※1989～2019年のデータは、すべて6月末時点の最終集計結果

2013以降の第7回（最終）回答集計結果の推移

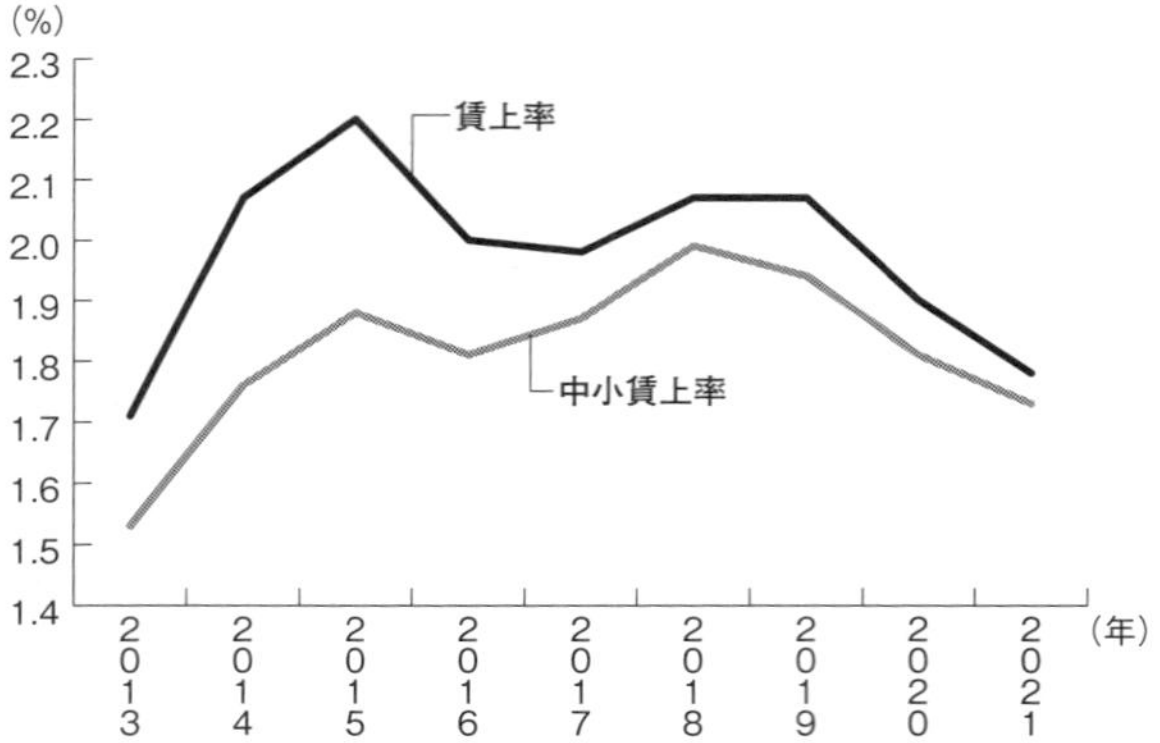

(出所) 日本労働組合総連合会 2021 春季生活闘争 第7 回 (最終) 回答集計結果
※各年データは平均賃金方式 (加重平均) による定昇相当込み賃上げ率

複数年交渉して、毎年の交渉で中小へ波及させていくという考えです。その後経済環境が悪化し、労働界全体に広がることにはなっていませんが、格差是正の方策としては今後考え方の深掘りがあってもいい事柄だと個人的には思います。

連合が求める「付加価値の適正循環」

——給料が長年にわたり減少してきた間、連合は賃上げの代わりに雇用維持を求めてきたのでしょうか？

神津　これまで話したようにこの四半世紀の間に、非正規社員が増えて正社員との間に分断と格差が生じるとともに、大手企業と中小企業の賃金格差も開いていきました。雇用労働者全体の７割は中小企業で働いているわけですが労働組合の組織率は低い。デフレ的経済の状況のなかで連合だけが賃上げを求めるということでは現実はなかなか動きません。結果として、１９９７年の金融危機後からの20年間余りは雇用も厳しく、賃上げも進まなかったことでまさに〝失われた20年〟となってしまったのです。

今後にしても、雇用問題を放置して賃上げだけを求めるということはありえません。まして非正規雇用が増えて雇用が多様化するなかでは、雇用問題はより重要になっています。これからは雇用と賃金を合わせて反転していくべきだと思っています。

また、高齢者の雇用と賃金についてはもっと考える必要があります。65歳までの雇用延長が義務づけられ、70歳までの雇用が努力義務となりましたが、既にこれまでの高齢者雇用の傾向として、60歳を過ぎて雇用を延長した場合は賃金を低くしてもいいと考える企業が当たり前になってしまっています。実際に賃金が半分程度まで減ってしまう人も少なくありません。しかし、本当の意味で同一労働同一賃金を踏まえるならば、高齢になったから賃金を下げるというのはおかしいのです。雇用延長による事実上の賃下げが、結果として全体の賃金相場を冷やすということにつながっています。たしかに、住宅ローンとか子育てにお金のかかる現役世代に比べ、高齢者にはそうした資金は必要なく、賃金を下げても生活に支障が出ないという現実があるかもしれません。
しかし、非正規雇用が増えて全体の賃金水準が下へ引っ張られたと同様に、雇用延長により賃金が下げられると、平均の水準や相場形成に負の影響が生じ、お金のかかる現役世代へ波及してしまいます。

――企業の内部留保が積み上がっているという問題があります。その額はここ数年、毎年20兆円に達していますが、どう考えているのでしょうか。

神津　内部留保として積み上がってきた額とその間の賃金の動向を見れば、内部留保は積み上がりすぎと言わざるをえません。その問題にもかかわりますが、今、連合は「サプライチェーン全体の付加価値の適正循環」を求めています。たとえば一つのモノやサービスをつくりだす過程では、取引先にせよ下請けにせよさまざまな人たちがかかわっています。皆が頑張って役割を果たしているのですが、モノやサービスをつくりだして得られた利益がそれぞれの人たちに適正に分配されているかといえばそうではなく、歪《ゆが》みがあります。親会社はコストを削減するために子会社や下請け先に対する発注費を下げたりしています。賃金などほかに必要なところへお金を出さず、内部留保を積み上げていることも、付加価値の適正循環の観点から見て歪みのひとつです。分配構造の歪みを是正することは、ここ数年、連合が力を入れている課題です。コロナ禍で経営の苦しい企業が増えているため、この歪みが加速する懸念があり、連合としては一層注力していくつもりです。

セーフティーネットを整備せずに非正規雇用を増やしたことが問題

――先ほどの雇用の分断の問題にかかわりますが、非正規雇用社員の増加についてはどのように考えていますか？

神津　いわゆる非正規労働者の雇用は不安定で、職を失うとすぐに次を見つけるのが困難な場合も多くみられます。その意味では雇用はすでに局所的に流動化しているわけであり、流動化を支えるセーフティーネットの整備は強く求められる状況です。職を失った後の、または自ら退職した後であっても、生活を保障し、次の就職へ向けてスキルを身につけることができるのがこの制度です。そもそもセーフティーネットを整備せずに非正規雇用を増やしたこと自体が大問題だったのです。正社員として働く人たちにしても、我慢を強いられ、希望とは違う仕事に就いている場合があると思いますが、セーフティーネットが機能すれば前向きに次を考えることができるでしょう。

現状の日本では、究極のセーフティーネットとして存在する制度は生活保護です。しかし受給者に対する偏見は今も根強く、生活保護を必要としている人たちの2割程度しか実は利用できていないと言われています。普通に利用できる制度とはなっておらず、次の就業へ向けて支援するという機能とも接合していません。

日本には産業雇用安定センターという公益財団法人があります。1985年のプラザ合意により円高が一気に進行して不況となり、大量の余剰人員が生まれた時に、企業側がお金を出して労働省（現・厚労省）と協力して設立し、人が余っている企業から足りない企業へ主に出向の形で転職を橋渡ししてきました。近年も年間9000件前後の橋渡しが行われています。コロナ禍では、雇調金（雇用調整助成金）を利用して出向を後押しする制度が臨時的に導入されました。また、民主党政権時代には求職者支援制度[※2]ができました。雇用保険に加入しておらず失業給付が受給できない人を対象として、1カ月10万円を給付し、合わせて無料の職業訓練と就職支援を行う制度です。これは非常に重要な枠組みだと思いますが、運用面の課題もあり、利用実績が思うようには上がっていないという面があります。

スウェーデンをはじめとした北欧諸国はセーフティーネットが相当に整備されています。さまざまな背景が異なるため北欧型をそのままどんどん導入することはできませんが、労使ともにその仕組みを研究し、日本型のセーフティーネットを早急に整備すべきです。

――セーフティーネットが整備されて雇用の流動化が進めば、終身雇用は崩れていくのでしょうか？

神津　長期安定雇用は安定して働けるために意欲が出るという面があるし、企業の側にも働く側にも、今現在もメリットが多くあります。長期安定雇用をベースとして考えるのは変わらないでしょう。長期安定雇用は高度成長期に定着しましたが、当時は人が余るということはなく、ほぼ完全雇用でした。セーフティーネットは必要なかったのです。その意味ではあの時代は異例の20年弱だったのですが、今は状況が全く違います。社会全体という視点でみれば雇用が不安定化しているなかでは、同じ会社で働くということだけで安心感を生み出すのではなく、国の制度としての生活保障・雇用保障という安心感が必要なのです。

労組が産業に対して果たせる役割とは

――コロナ禍では、飲食業界が常に休業と営業自粛を迫られ、産業として非常に苦しい状況に置かれています。

※2　求職者支援制度……求職することを前提として、雇用保険の適用がなかった離職者、フリーランス、自営業を廃業した人、雇用保険の受給が終了した人、さらに一定額以下の収入の非正規雇用者を対象として、1カ月10万円の給付が最長6カ月間受けられる。またIT、医療事務、介護福祉、営業・販売、デザインなどの訓練コースを無料で受講できるほか、期間中はハローワークが求職活動をサポートする。2020年度は2万人以上が訓練を受講した（厚労省の説明より）。

神津　飲食店でも、大勢の人が来て騒ぐ場合もあれば少人数が静かに過ごすために来る場合もあるし、感染対策をきちんと実行している飲食店も少なくありません。それをすべて一緒にして自粛を迫るのは問題があったと思いますし、自粛を求めるのであればその分の補償は不可欠です。しかし、休業協力金については、大きなお店ではもらっても赤字が出る一方で、小さいお店では通常営業での利益以上の額が出ており、不公平が生じています。協力金の支払いが非常に遅いという問題もあります。協力金だけでは赤字になるという理由で営業する店舗が増えましたが、気持ちはわかります。海外の先進国のなかには、前の年の売り上げ分を補償して、利益が出れば課税して国に戻してもらうという仕組みも見られます。日本でこれがどうしてできないのでしょうか。

手前味噌になりますが、こういう時にもやはり労働組合が組織化されているほうが力が出ます。今回、飲食業の業界団体が政府に要望を出したと思いますが、実は大手の居酒屋チェーンなどには労働組合があり、その多くがＵＡゼンセン（全国繊維化学食品流通サービス一般労働組合同盟）に加盟しています。それらの力もあいまって、飲食店の規模に応じて休業協力金の額が修正されたのです。
先ほど話したとおり、事業体の規模が小さくなるほど労働組合の組織率が下がり、まして飲食店は家族経営も多く、労組に馴染まないという面があるかもしれません。しかし、大手飲食チェーンなどは労組があるのだし、一つの産業として動いていくのは大事です。日本では企業別労組が基本となってきましたが、たとえば自動車産業では自動車総連が組織され、経営者側と定期的に話し合い、必要があれば両者が協力して国に対して要請も行っています。こうした非常時のためにも、産業別に動く仕組みをもっと拡充する必要があると思います。

税金の問題は完全に独立した機関で

――たとえばセーフティーネットの整備にはそれなりの財源が必要ですが、財源の問題では、連合としては原則として消費税の増税に賛成してきました。

神津　民主党の野田（佳彦）政権が2012年に、社会保障の充実とそのための財源の手当てを明確化する「社会保障と税の一体改革[※3]」を進めて立法化しました。大変重要な政策でした。

しかし、消費増税による増収分は社会保障に投じることが本来の趣旨のはずだったのに、かなりの額が国の借金返済などに使われてしまいました。社会保障のための消費税の増税は非常に有効な手立てだと思っていますが、増収分の使途を明示し、国民が納得したうえで使われるべきなのに必ずしもそれができていません。また、現在は消費税の低所得者対策として軽減税率が採用されていますが、本来の低所得者対策は、給付付き税額控除で税を還付することです。私たちはこれを求めていますが果たされていません。

増税については消費税ばかり焦点となりますが、他の税、たとえば所得税は累進度をかなり下げてきましたが果たしてそれでよかったのか。法人税については世界で税率引き下げ競争が行われてきましたが、行きすぎではないのか。また、金融取引税は時限的な特例だったはずなのにズルズルと続いているなどの問題もあり、本来、税全体を議論しなければいけません。しかし、政治家にとって税の問題を取り上げることは鬼門となってしまい、積極的な議論が行われていません。税・財政の運営については、欧州の例に倣いながら独立した機関で決めるべきだと思っています。永田町（政治家）と霞が関（官僚）だけに任せるのではなく、民間の有識者にももっと権限を持たせて議論すべきです。

日本は国債の発行残高が膨れ上がり、借金が増える一方です。民間の金融資産が２０００兆円近くまで増えているため国債を発行しても破綻しないという見方もありますが、若年層では貯金ができない人たちが増えていますし、それこそ賃金が上がらなければ民間の金融資産は今後減少していくでしょうから、いつか財政破綻し

※３　社会保障と税の一体改革……社会保障の充実と安定化を図るために安定した財源を確保し、合わせて財政健全化を同時に達成することを目的として、民主党の野田政権下の2012年8月に関連8法が成立した。このなかで、消費税の税率を引き上げて増収分はすべて社会保障に充てるとした。しかし「後代への負担つけ回しの軽減」という名目で、実質的に国債の償還費に充てられているという批判がある。なお、関連8法のなかの社会保障制度改革推進法に基づいて社会保障制度改革国民会議が内閣に設置され、この国民会議自体は現在も存続している。

てしまうおそれは否定できないでしょう。

欧米諸国では、たとえば国債の発行に上限が設けられ、上限にかかれば予算を執行できなくなるというような仕組みがあります。日本でもそのぐらいのインパクトのある改革をしなければ、ズルズルと国の借金が増えていくばかりです。税全体、国の借金、そしてセーフティーネットの整備にしろ賃上げにしろ、すべてはつながっているのですからもっと一体として議論すべきなのです。

政治としては、やはり政権交代が常に可能であるという状態が必要です。そのために小選挙区制が導入されて実際に政権交代が起きたのですが、残念ながら未だに政権交代は失敗だったと思われています。民主党政権でも先ほど話した「求職者支援制度」は優れた措置だったし、「社会保障と税の一体改革」も重要なものでした。しかし、これらは忘れ去られてしまって、失敗だったという印象ばかり残り、政権交代は遠のいてしまいました。その結果、政治には緊張感が欠けています。

重視するのは「底上げ」と「格差是正」

――賃上げに関することなど今後の課題は何でしょうか?

神津　安倍元首相は、アベノミクスの効果として大手企業に利益が出れば、それは中小企業にも波及するという意味で「トリクルダウン」という言葉を使いましたが、経済状況も雇用状況もトリクルダウンするような環境ではありませんでした。賃上げが多少実現したとはいえ、大手と中小の格差が開いてしまったのはこれまでに話したとおりです。非正規社員が増えるなど雇用が多様化した影響もお話ししたとおりです。こうした状況に対して、連合は「格差是正」と賃金の「底上げ」「底支え」を求めています。

底支えに関しては、最低賃金の引き上げが重要です。国も最低賃金の引き上げに向けた環境整備を指向してきましたが、昨年はコロナ禍を理由に凍結を打ち出したかと思えば、今年は一気に引き上げて一貫性を感じません。今後も毎年しっかりと引き上げていくべきです。今年は全国平均で930円まで上がりましたが、仮に1000円だとしても、1年間に2000時間働いて年収200万円です。明らかに足りないでしょう。一気に1・5倍とか2倍に引き上げるのは現実的に不可能であり、毎年、計画的に今よりももっと上げていくべきです。

連合の登録人員は800万人でスタートしましたが、その後は減少が続いて2006年には660万人台まで減りました。しかしその後、連合本部が前面に出るとともに、関係者の地道な努力もあり、最近は反転して2019年には700万人台まで増えました。2005年からは正社員だけではなく、いわゆる非正規労働者の加入も増え続け、現時点で130万人が登録しています。連合としてはフリーランスとの接点も重視しています。いわゆる非正規雇用が増え、フリーランスが増えているなかで、労働者であれば誰でも労働組合はつくれるものです。有名なところではウーバーイーツでも労働組合が結成されて私たちも支援しています。

また、労使が時間外労働の内容を決める36《サブロク》協定（労使協定）では、労働組合がない場合には労働者の過半数を代表する従業員代表が代替することになっています。労組のない企業では、この従業員代表は公正な選出をもっと明確にし、他の労働法制における同様の役割も担うべきであり、「従業員代表制」を定常的にする法改正も大きな課題としてあります。

こうづ・りきお●1956年生まれ、東京都出身。東京大学在学中は野球部マネジャー。教養学部卒業後、新日本製鐵（現・日本製鉄）入社。84年、新日本製鐵本社労働組合執行委員となり、専従役員の活動をスタート。外務省と民間との人事交流の一環として、90年より在タイ日本大使館に外交官として3年間勤務。新日鐵労連会長、基幹労連中央執行委員長などを経て、2013年に連合事務局長、15年に会長就任。21年10月に退任。著書に『神津式 労働問題のレッスン』（毎日新聞出版）。

第七章
大企業と富裕層に有利な税制が格差を広げた

江田憲司（立憲民主党・衆議院議員）

立憲民主党で経済政策を担当する代表代行の江田氏は、「アベノミクスは失敗だった」と主張する。日銀による異次元の大規模金融緩和は〝やりすぎ〟であり、財政出動による経済波及効果はなく、肝心かなめの成長戦略は実行できなかったからだ。そして、アベノミクスで雇用者数と給料総額は上がったと安倍政権は自画自賛したが、物価の変動を加味した実質賃金は下がった。これに対して江田氏は「分配なくして成長なし」を掲げ、今後の経済成長は、「地域分散・分権型国家」への移行により実現できると主張する。

（取材日：2021年9月14日）

――江田さんが中心となり、立憲民主党は9年間にわたったアベノミクスを検証しましたが、結果を教えてください。

江田　アベノミクスは「三本の矢」で構成されました。第一の矢である「日銀の大規模金融緩和」により株価は上がりましたが、物価安定目標2％も達成できず、国民の将来のインフレ予想に働きかけて今の消費を伸ばすこともできませんでした。逆にゼロ金利、マイナス金利が長く続いているため、地方銀行の経営は悪化し、日銀によるETF（上場投資信託）の大量購入の結果、東証一部上場企業の約2割弱に当たる約400社で日銀が事実上の大株主となり、いわゆる「官製相場」が形成されるなどの副作用が発生しています。

第二の矢である「積極的な財政政策」では、そもそも旧来型のインフラ投資が中心となって経済波及効果は生まれず、2回にわたる消費増税により消費も腰折れしました。

そして第三の矢である「成長戦略」は、日銀の統計を見れば、最近、潜在成長率がゼロパーセントにまで低下したことからもわかるように、結果が出なかったことは明白です。安倍政権の目玉政策だった原発輸出やカジノ誘致も失敗に終わっています。

アベノミクスの失敗は、何よりも数字が雄弁に物語っています。安倍政権は「雇用者数が増えて給料も上がった（「総雇用者報酬」が増えた）と自画自賛しましたが、実質賃金で見れば、2012年を100とすると2019年は95・6で約5％も下がり、世帯消費は10ポイント近くも減りました。そして貯蓄ゼロ世帯の割合は、2012年と2017年を比べて、20歳代は38・9％から61・0％まで、30歳代は31・6％から40・4％にまで増えました。60歳代でも2017年には4割近くが貯蓄ゼロ世帯です。

一方で、所得が1億円以上の人（ミリオネア）の数は、2012年の1万3609人が2019年には2万3550人と、1万人近く増えました。純金融資産の保有額が1億円を超える世帯の数も、2011年の81万世帯が2019年には132万7000世帯と50万世帯以上増え、その資産総額も188兆円から倍増近くの333兆円まで増えたのです。日銀が大規模金融緩和で供給した莫大な資金は有効活用されず、株式市場や不動産市場へ流れ込み、一部の富裕層がさらに豊かになっただけなのです。そして一方で、格差や貧困が拡がりました。

安倍首相（当時）が始めた異次元の大規模金融緩和は、もともと、みんなの党が2009年の総選挙の時に掲げた政策でした。2012年に安倍さんが自民党の総

物価、名目賃金、実質賃金、消費支出の推移

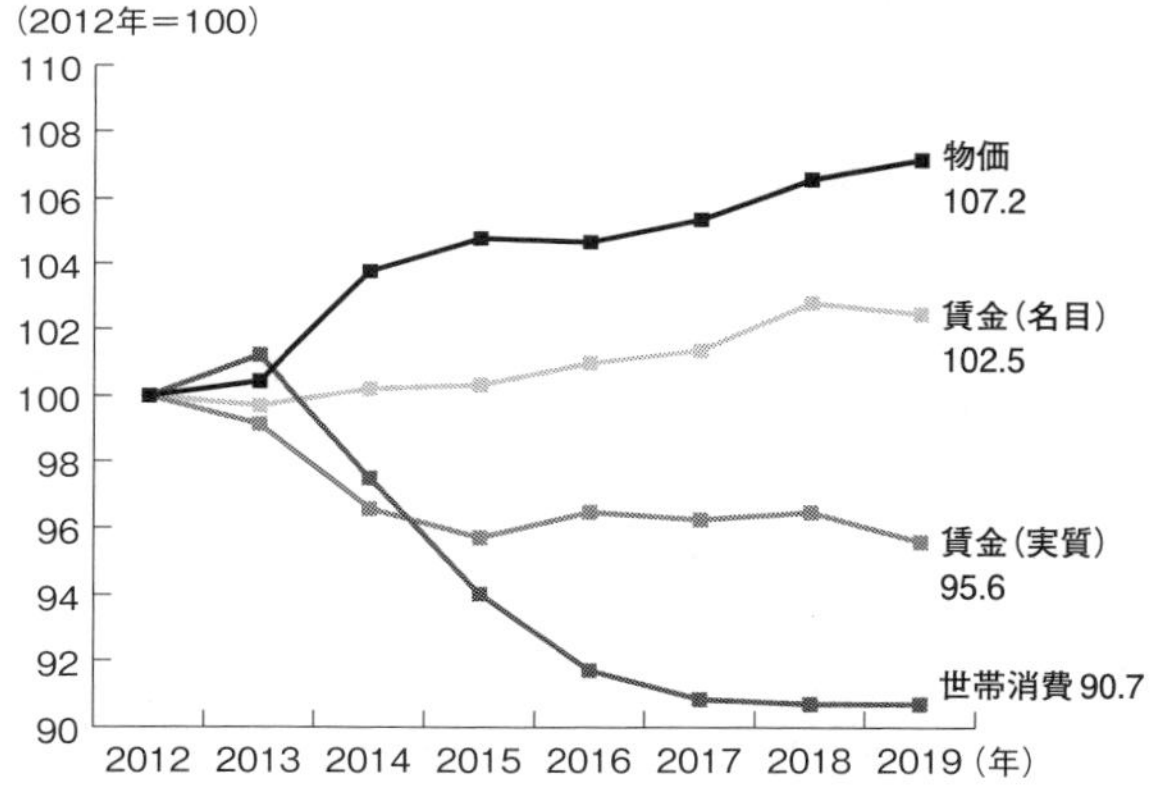

（出所）厚生労働省「毎月勤労統計」、総務省「消費者物価指数」、総務省「消費動向指数」

（備考）実質賃金指数及び名目賃金指数：調査産業計、5人以上、現金給与総額による。
消費者物価：持家の帰属家賃を除く総合の指数による。
世帯消費：総世帯の実質消費支出による。

裁選に立候補して石破（茂）さんと争うことになった時、当初は石破さんが優勢だったために、安倍さんとしては従来と異なる政策を掲げ、石破さんとの差別化を図る必要がありました。それで飛びついたのが大規模金融緩和だったのです。みんなの党で大規模金融緩和の理論的支柱だった高橋洋一さん（嘉悦大学教授）が、のちに安倍政権のブレーンに就いたことからも明らかでしょう。

安倍さんは、とくに経済金融政策に詳しい人ではなく、安倍さんを担いで後に引き継ぐ菅さんも同様です。大規模金融緩和に飛びついたこと自体はよいのですが、使い方を完全に誤りました。

大規模金融緩和は、あくまでもカンフル剤です。1本打ち、効果が出ている（身体がシャキッとしている）間に、体質改善や必要な手術をしなければならなかった、すなわち、成長戦略（構造改革）を実行しなければいけなかったのです。

日銀の黒田（東彦）総裁が「2年で物価安定目標2％」と短期の目標を当初掲げたのも、それが一時的なカンフル剤であることがわかっていたからです。黒田さんは、たびたび会見や講演で政府に成長戦略の実行を促してきました。しかし、肝心の成長戦略は実行されず、その代わり、安易にカンフル剤を2本も3本も4本も打ち続けたのです。カンフル剤は1本打つからこそ効果があるのであって、3本も4本も打ち続けるものではありません。打ち過ぎると、逆に副作用が出てくるのです。

金利がゼロに張り付いてしまったため、金融機関、とくに地方銀行の経営は「逆ザヤ」で厳しくなり、以前は、お年寄りは貯金に対する利子が生活の多少の支えになっていましたが、その利子収入も消えてしまいました。

そして最大の問題は、このまま、いつまで金融緩和を続けていくのか、その出口がまったく見えないことです。いつか、この金融緩和の手仕舞いをしなければならないのに、その時になって下手をすれば、国債の暴落、金利の急上昇で、財政も経済も破綻しかねません。どうしたらソフトランディングができるのか、これが深刻な問題としてあるのです。

喩《たと》えて言えば、今の日本経済は、「大規模金融緩和」という「砂上の楼閣」の上に乗って、一部の超大企業や富裕層が幸せを謳歌しているだけの状況なのです。悪い言い方をすれば、カンフル剤ならぬ「シャブ漬け」で、表向きは元気そうに見えるだけで、その実は「廃人」、いつ崩れ落ちてもおかしくない状況なのです。

アベノミクスで悪循環に陥った日本経済

――1990年代後半以降の長い目で見ても日本人の給料は上がっていませんが、改めて原因は何だと思われますか?

江田　原因はさまざまあります。たとえば労働者派遣法が緩和されて、非正規雇用者が増えたという状況があります。橋本(龍太郎)政権で労働者派遣法の緩和に着手したのですが、その時は、派遣できる対象を限定して製造業については緩和しませんでした。製造業まで派遣可能とすれば弊害が多いことがわかっていたからです。しかし、その後の小泉(純一郎)政権でさらなる規制緩和が行われ、製造業で非正規雇用が格段に増えるという弊害が出ました。リーマンショックの時に日比谷公園にできた年越しテント村(派遣村)が象徴です。十分なセーフティーネットも張らず、雇用が不安定な低賃金の労働者ばかりが増えたのです。

また、企業が内部留保志向を強めたことも影響しています。金融危機が起きて、リーマンショックも起きて、そのたびに企業は内部留保を積み増しました。利益が出ても人件費や設備投資に回さずに内部留保を積み増し、現在は過去最高の475兆円という莫大な金額になっています。大企業は「将来の設備投資のために」と主張しますが、本音は、将来のリスクに備えて慎重すぎるほど慎重になっているということでしょう。

これには法人税の減税も影響しています。法人税が高ければ、企業は利益を出して税金でとられるより、社員の給料を上げたり、将来に向けて設備投資したほうがまだましだと思うでしょう。しかし、法人税が40％程度から30％を割るほど減税され、さらにさまざまな減税措置によって、超大企業を中心に実際の税負担がさらに下がりました。このことが、企業が利益を出しても内部留保に回す要因のひとつになっています。

日本では製造業の割合が減って、サービス業の割合が増えたことも影響しています。1970年代は、比較的に賃金が高い製造業が4割、サービス業が5割という時代でしたが、今は、製造業が2割、サービス業は7割に増えました。飲食業や宿泊業、または介護、福祉の分野は総じて給料が低く、こうしたサービス業の割合が増えて全体の給料水準が下へ引っ張られています。

国際競争の影響も無視できません。賃金の低い新興国の企業と競争するために、日本の企業は海外に進出していますが、国内に留まる企業も、結局は新興国企業との競争にさらされるため、人件費を抑えるということになります。

労働組合も、昔は50%を超えていた組織率が17%台にまで下がって、5人に1人も加入していないという状態となり、その力が弱まったということもあるでしょう。ただ、バブルが崩壊して、リーマンショックも起きてと、賃金を上げるどころではない状況が繰り返し起きたため、賃上げよりも雇用の維持を重視するという方向になってきたことは、ある意味、致し方ない面もあったと思います。

これらさまざまな原因が悪循環を招いています。賃金が上がらないことに加えて、消費増税が繰り返されて家計の可処分所得が減り、そのために消費が伸びず、消費が5割から6割を占めるGDP（国民総生産）が成長せず、それがまた賃金が上がらない要因となっているのです。まさに「悪循環」です。

――経済環境が変わり、日本型の終身雇用・年功序列賃金制が機能しなくなったと

指摘されています。

江田　たとえば、スウェーデンをはじめとした北欧諸国は「高負担高福祉国家」といわれます。税金は高いけれど、その分、子育て・教育・医療などは国が面倒を見てくれます。その北欧諸国ではもう一つ、セーフティーネットが完備されていることが特徴です。失業しても生活が保障され、次の就職に向けた職業訓練も充実しているのです。その後の就職先も見つけやすい。

こうしたセーフティーネットがよく整備されているため、北欧諸国では雇用の流動化が進んでいます。もともと自動車産業とか電機産業が栄え、その後はＩＴ企業が成長するなど、経済的にも強い国々ですが、北欧諸国の大企業は雇用の流動性が高く、生産性も高いのです。

そして北欧諸国に限らず、欧米諸国の多くは、仕事の成果に対して賃金が支払われるジョブ型です。近年、先進諸国ではジョブ型により雇用の流動性を高めるほうが経済成長できるという趨勢になり、雇用流動性の少ない日本型システムは、生産性が低くなる要因のひとつに数えられてしまっています。

しかし、日本の雇用システムをジョブ型に移行して流動性を高めることは容易ではありません。大前提としてセーフティーネットの整備が十分なされていないですし、障壁となる一つが、「ジョブディスクリプション」（職務記述書）の作成です。労働者一人ひとりが企業と交渉してあらかじめ業務内容を明確化し、報酬も明記するのです。これまで日本では、労働組合が企業と交渉して労働条件や報酬が決められ、一人ひとりは入社する時にそれを見てハンコを押すだけです。入社した時に業務が明確化されることもありません。国民性でもありますが、一人ひとりが企業と交渉するというのはなかなか馴染まないでしょう。

今のままでジョブスクリプションを導入すれば、労働者は企業が提示する労働条件を鵜呑みにしたり、不利な労働条件で契約したり、ということになりかねません。

経済成長の鍵は技術革新

――江田さんは経済成長についてどう考えているのでしょうか？

江田　バブルが崩壊した後、私は「日本はカルタゴになるかもしれない」という危機意識を持ちました。カルタゴは、今のチュニジアあたりに拠点のあった紀元前の貿易国家で、地中海交易の覇権を握り、一瞬、輝いた国です。しかし、ローマ帝国に対峙して敗れ、カルタゴの町は徹底的に破壊されて滅び、覇権を握ったその栄華は短くして終わりました。日本も高度経済成長を経て、ＧＤＰ世界第2位の経済大国となり、「ジャパン・アズ・ナンバーワン」とも称されましたが、戦後、わずか数十年間のことなのです。

カルタゴのように、戦争で滅ぼされるわけではありませんが、バブル崩壊後、高度経済成長をけん引した産業の多くが衰退しました。自動車産業は今も世界のトップですが、自動運転やＥＶ（電気自動車）の分野では、すでに遅れをとっています。半導体産業も、製造装置は今でも世界トップクラスですが、半導体の製造自体は台湾などのメーカーに席巻されました。製造装置にしても各国の追い上げが激しく、日本のアドバンテージはなくなりつつあります。

日本の経済成長を支えた輸出産業は、とりわけ汎用品の輸出では人件費の安い新興国に勝つことは至難で、これは歴史の必然です。1950年代、日本がアメリカに「1ドルブラウス」[※1]を輸出して爆発的に売れ、アメリカの繊維産業が壊滅しました。ブラウン管テレビも同様です。アメリカからテレビの製造メーカーが一つもなくなったのです。今の日本は、あの時のアメリカではないでしょうか。米国はその後、金融国家、IT国家になって生き延びましたが、日本は、これから何を「メシのタネ」にしていけばよいのでしょうか。

現在の日本の問題、それは給料が上がらない原因でもありますが、潜在成長率が低いということです。潜在成長率は中長期的に見て持続可能な成長率を表し、いわば国の経済の実力を測る指標です。1980代半ばから90年にかけて4%台で推移していましたが、バブル崩壊とともに低下して2%を割り、1%を割り、リーマンショックの時には0%まで落ちました。その後若干回復しましたが、2015年以降、まさにアベノミクス期に低下して、現在は再び0%近辺にまで落ちています。

経済成長は、投入する資本（設備）、労働、そして技術革新による生産性を示す全要素生産性[※2]の合計から導かれますが、成長率を上げるのは全要素生産性、要するに技術革新なのです。資本にしても設備の更新投資ではなく、新規投資をしなければ伸びませんが、そのためには新しい産業の創出が必要です。

――技術革新に結びつく大学での基礎研究も劣化が指摘されています。

江田　研究者に対する研究資金の交付については、日本では問題があることが以前からわかっていました。

※1　1ドルブラウス……1950年代、日本の繊維産業の成長とともに綿製品原材料の米国向け輸出が増え、次第に完成品も輸出されるようになった。アメリカで日本製の1ドルブラウス（当時は固定相場制で1ドル＝360円）が大量に販売されると、アメリカの繊維産業が甚大な影響を受けた。1957年にはアメリカ政府が日本に対して綿製品の輸出自主規制を求める事態となり、その後に激化する日米貿易摩擦の端緒となった。これは「ワンダラーブラウス事件」とも呼ばれる。

※2　全要素生産性……TFP（Total Factor Productivit）の略称。経済成長（GDP成長）を生み出す要因のひとつで、資本や労働など量的な生産要素の増加以外の質的な成長要因のことを指す。技術の進歩や生産の効率化などが該当する。TFPは数値で計測することが難しいため、全体の変化率からTFP以外の要因を除したもので推計される。

古い話になりますが、私は通産省（現・経済産業省）の工業技術院にいた1989年に『90年代の産業科学技術ビジョン』という報告書を執筆しました（単行本として出版）。この時、国公立、民間の数十にわたる研究所を回り、話を聞き、実態を調べました。また、COE（センター・オブ・エクセレンス）と評価されるアメリカのベル研究所やNIH（アメリカ国立衛生研究所）、ドイツのマックス・プランク研究所など一流の研究所も参考にしたのですが、そこでは、国がまず、最初に自由度の高い巨額の資金を研究者に渡し、その後は、たとえば5年間の研究期間ならその間、研究者の自由な研究に任せるのです。その代わり期間を終えると厳しく精査され、成果が出なければ交付を打ち切られます。

日本は、基礎（基盤）研究の拠点である国立大学に対する運営交付金の額を減らし続けたため、大学側は共通経費にその多くを使い、研究費に回す余裕がなくなりました。国は運営交付金を減らす代わりに、公募型の競争性資金を導入しましたが、それに応募する競争が激しくなり、申請に必要な煩雑な書類を作成する手間暇ばかりに研究者が時間を取られてしまっています。

しかも財務省の権限がいまだに強く、予算は単年度主義を基本とするため、1年ごとの研究成果の報告を迫られ、まるで煩雑な書類を書くために研究しているような状況です。欧米ではこうした書類は研究助手が作成しますが、日本では研究者自身が作成することが多いのです。

政府が投じる研究費は「減っていない」という反論が時に出ますが、先進国ではどんどん増えており、研究費の伸び率では日本は先進国のなかで最下位のレベルです。ユネスコによる2018年の世界の研究費ランキングでは、1位のアメリカが5800億ドル、2位の中国が4700億ドル、3位は日本ですが、金額が増えていないため1700億ドルと離されてしまいました。今もまだ3位という言い方もできますが、大学の研究者一人当たりの研究費になると、日本は世界16位まで落ちてしまいます。

近年、日本での基礎研究が劣化したといわれる原因は、優秀な研究者に、その必要な研究環境と十分な資金を与えていないからです。競争性資金はこの問題を何も解決していません。1990年代に問題の所在はわかっていたのに、今も何も変わっていないのです。

中央集権国家から「地方分散・分権型国家」へ

——江田さんが考える具体的な成長戦略を教えてください。

江田 比喩的に言えば、「明治維新を逆転」させる、すなわち、「地域分散・分権型国家」へ移行することです。

たとえば、サービス産業のなかで、医療、福祉、介護などの分野では生産性が低いという理由で給料が低く抑えられています。しかし、少子高齢化が進む今は、本来はこの分野は伸びる産業であり、成長できるはずなのです。

では、どのようにすれば成長できるかといえば、地域のニーズに応じた、地産地消の地場産業をつくっていけばいいのです。たとえば、現在の大病院中心の診療から、「かかりつけ医（家庭医）」の制度を定着させて、そこをキーステーションに、地域の病院や診療所、訪問看護ステーション、介護・福祉施設などのネットワークづくりをしていくのです。

コロナ禍では医療体制の問題も露呈しました。中央で厚労省の役人がふんぞり返り、それぞれの地域の実情などわかりもしないのに、闇雲に通達を出して現場が混乱しました。医療・福祉・介護の分野では、中央省庁だけではなく、都道府県レベルでも同様に地域の実情を細かく把握できるわけではありません。少なくとも「市」、もっといえばより小さな自治体を基礎にして、地域住民のきめ細かいニーズに応じたネットワークづくりをしていく必要があります。それがとりもなおさず、地場の社会保障サービスの企業化にもつながっていくのです。

また、我々立憲民主党は「自然エネルギー立国」を目指していますが、太陽光パネルを敷設するための土地は地方のほうがあるし、風力のポテンシャルも海岸線を中心に地方に多くある。水力にしろ、またわが国に多く賦存《ふぞん》（理論上は潜在的に存在）している地熱にせよ、それを活用しない手はありません。そのために大きな企業をわざわざつくる必要はなく、地産地消なら、小さな企業でも十分やっていけます。太陽光や風力、小水力などの小規模分散型電源を雨後の筍のようにつくっていけばいいのです。

そして、こうした地方でのエネルギー産業を育てるために中央政府が行うべきことは、さらなる電力制度の改革であり、送電網をより廉価に、かつ、もっと自由に使えるよう開放することです。しかし、現在の政府は逆に「旧電力体制」を温存し、小さい再エネ電力会社の成長を阻害しています。

農業では、たとえば徳島県の上勝町[※3]の例があげられます。山間《やまあい》にあり、人口は１５００人、高齢化が進むこの小さな町では、さまざまな葉っぱを料亭など飲食店向けの「ツマモノ」として出荷して成功しています。３００種以上の多品種少量生産を実現し、１年を通して出荷できる体制を組むなど大変工夫が凝らされ、年商が１０００万円を超える高齢者もいます。

農業では、地域それぞれに特産品がありますが、中央政府の政策で成長できるわけではなく、これこそ地方分権によって成長する分野でしょう。その特産品をブランディング、デザイニングしていけば、美味しくて安全な日本の農産品への海外需要も伸びていくでしょう。

明治維新期に、大久保利通らが廃藩置県を行って中央集権国家をつくり上げました。官選の知事を派遣して地方を治め、富国強兵を図ったこのシステムは、たしかに戦後の高度経済成長の原動力となりました。しかし、今後はその真逆、地方分散・分権型経済が成長を生むのです。

「明治維新を逆転」させる。これが、日本の将来の「国のかたち」だと考えています。

※3　徳島県の上勝町……徳島市から車で1時間、ほぼ県央の山間にあり、人口約1500人、高齢化率は50%を超える。地形は平地が少なく急峻。町の産業だった木材や温州ミカンは1980年代に入ると厳しい状況となり、さまざまな試行錯誤をするなかで、農協職員だった横石知二氏が、1986年、山々にある葉っぱをツマモノとして販売することを考案し、ブランド名を「彩（いろどり）」としてスタートさせた。特徴は、商品が軽量で綺麗であるため女性や高齢者が取り組みやすいこと。150軒の農家、農協、町の出資により設立された（株）いろどり（横石知二社長）が一体となり300種以上の多品種少量生産を実現、年商約2億円を上げ続け、年間の売り上げが約1000万円になる高齢者もいる。各農家がパソコン等の端末を利用して市場動向を確認するなど先進的な取り組みも行っている（株式会社いろどり公式サイト等より）。

官僚と自民党による激しい抵抗

――地方分権を進めるためには、中央政府が握る「権限」と「財源」を地方に移管する必要がありますが、これまで何度となく言われてきたのに移管は進んでいません。

江田　１９９５年に、首相の諮問機関として地方分権推進委員会が発足し、秩父セメント（現・太平洋セメント）の社長・会長を務めた諸井（虔）さんが委員長に就きました。当時、私は橋本（龍太郎）総理の秘書官として、この地方分権推進委員会にもかかわりましたが、中央と地方を主従関係に置く機関委任事務の廃止はしたものの、ほとんど有意な分権が進みませんでした。中央省庁の役人にとっても、自民党の族議員にとっても権限を手放す話であり、徹底的に抵抗するからです。

政・官・財のトライアングルとよくいわれましたが、あの時は政と官が結託して抵抗しました。「地方に任すことはできない」という官僚の思い上がりもはなはだしく、大蔵省（現・財務省）の総理秘書官に「江田君さ、地方の役人なんかに任せて大丈夫か？　我々中央省庁の官僚がやっているから、まだマシなんだよ」と言われたこともありました。私は諸井さんに大変親しくしていただいて、本音も聞きましたが、政と官のあまりの抵抗ぶりに「もう辞める」と漏らされたこともありました。辞任は踏みとどまっていただきましたが、結局、１９９８年の参院選で自民党が大敗して橋本首相が辞任し、結局、地方分権も道半ばで終わりました。

橋本政権の時に進めた省庁再編も、「肥大化」と批判されることもありましたが、それは、当初の構想とは違う形になったものもあるからです。

地方分権にかかわる話で言えば、道路や橋、鉄道や空港などにかかわるインフラ整備などの権限は建設省と運輸省にまたがり、縦割り行政の弊害で、きわめて非効率で無駄も多かった。そこで、統合して国土交通省をつくる際に、具体的な公共事業の箇所付け権限などは、都道府県レベルの自治体へ移管する計画でした。しかし、両省が権限を手放さないまま統合したため、肥大化してしまったという面があるのです。

それでも地方分権推進委員会は、本気で分権を進めようとしたことだけは確かです。安倍・菅政権は「地方創生」を謳っていましたが、権限と財源を地方に移す気はさらさらなく、掛け声だけでした。

――今回のコロナ過では厚労省などの官僚組織が機能しないように見えました。対策の具体化があれほど遅れたのはなぜでしょうか？

江田　私も官僚だったのでわかりますが、持続化給付金にせよ何にせよ、官僚、とくにキャリア官僚は新しい制度をつくって予算を分捕れば、あとは現場に丸投げしてしまうため、その後のフォローが疎《おろそ》かになるのです。そして、中央省庁は地方に通達を出せば終わりの「通達行政」です。しかも、こうした非常時にはとりわけ通達の内容がコロコロ変わるので、それを受ける地方自治体の現場は、混乱して本当に大変だったと思います。

しかし、より大きくは政権、自民党の問題です。「野党は批判ばかり」とよく言われますが、コロナ対策については、立憲民主党が提案した政策を、政権や自民党が後追いで受入れてきたというのが事実です。

経営の苦しい事業者への持続化給付金は、立憲民主党が2020年3月19日に提案したものを、政府・与党が4月7日に受け入れたものですし、国民への一律10万円給付も、我々が4月1日に提案したものを、4月16日に受け入れたのです。特措法の改正は12月2日に我々が国会に法案を提出しましたが、政府案は、それから1カ月以上遅れた2021年1月22日に決定しました。困窮世帯への子育て支援金に至っては1月22日に我々が提案してから2カ月近く遅れ、3月16日にやっと政府・与党が受け入れたのです。もっと迅速に進めていれば状況は変わっていたことでしょう。

また、議員立法は政策提案そのものですが、立憲民主党は1年に数十本の議員立法を自分でつくって出しています。衆参あわせて50以上ある各委員会でも、地味な政策論議、法案審議を日々続けています。しかし、残念ながら、これらをメディアが報じることはあまりありません。報じるのはスキャンダル追及の場面ばかりで、森友・加計・桜を見る会がその典型でしょう。ニュースでそればかりを見せられる国民の皆さんが、「野党は批判ばかり」と思われるのは、ある意味、やむをえないことかもしれませんが、それは事実とまったく違うということだけは申し上げておきたいと思います。

分配なくして成長なし

――安倍政権では格差が広がったと指摘されています。これについてはどう対処していきますか?

江田　キャッチコピー的に言えば、「分配なくして成長なし」です。国家には常に所得再分配機能が求められているとはいえ、近年は、経済成長すればおのずと富は分配されていくという考えが主流を占めていました。アベノミクスの「トリクルダウン」が、その典型でしょう。しかし、行き過ぎたグローバリズムの進展による弊害もあり、最近では国際的にも、適切な分配が経済成長を促すという考えが主流となってきました。格差を是正して貧困を解消すれば、教育水準が上がり、それがイノベーション(技術革新)につながり、成長に寄与するという考えです。OECDやIMFといった、これまで新自由主義的な考えを持っていた国際機関ですら、こうした考え方に変わってきました。

分配政策を進めるためには財源が必要ですが、立憲民主党は、一言でいえば、増税（課税強化）を訴えています。これまでの野党では考えられなかったことです。

具体的にはどうするのか。今、大企業が法人税を一番負担していないという問題があります。２０１７年度の数字ですが、実際の法人税負担率は、資本金１０００万円以下の企業が13・５％、資本金１億〜10億円の企業が19・６％と上がりますが、資本金が１００億円を超えると逆に13・０％に下がるのです。これはあまりに不合理です。なぜそうなるのかと言うと、さまざまな減税（優遇）措置が、超大企業中心に適用されるからです。

しかし、そもそも、利益を多く出し、担税能力も高い超大企業には、応分の負担をしてもらわなければなりません。法人税率は、基本として企業の利益や規模にかかわらず今は一律で30％弱です。そこで法人税に、たとえば企業規模に応じて10〜40％の累進課税を導入すれば、中小企業には減税となり、逆に超大企業には増税となります。超大企業の利益は大きいので、トータルでみれば増収になります。

実際の法人税負担率

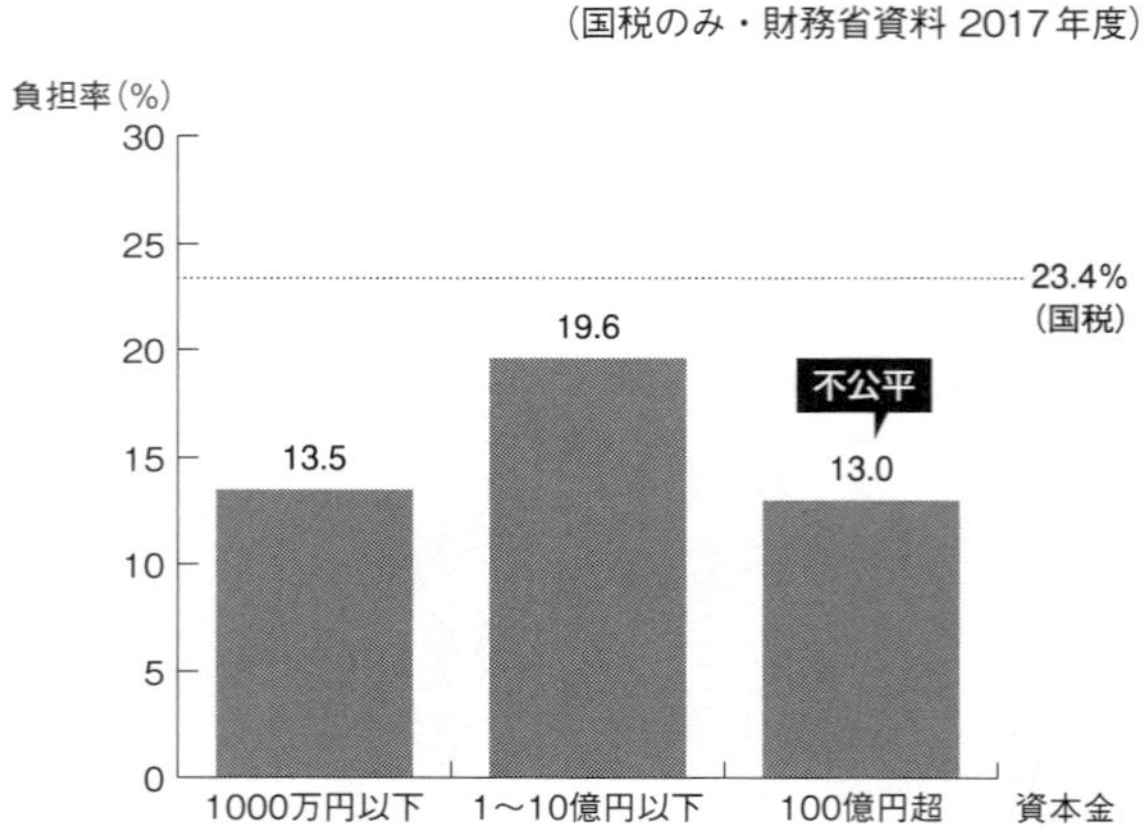

年収による所得税負担率の変化

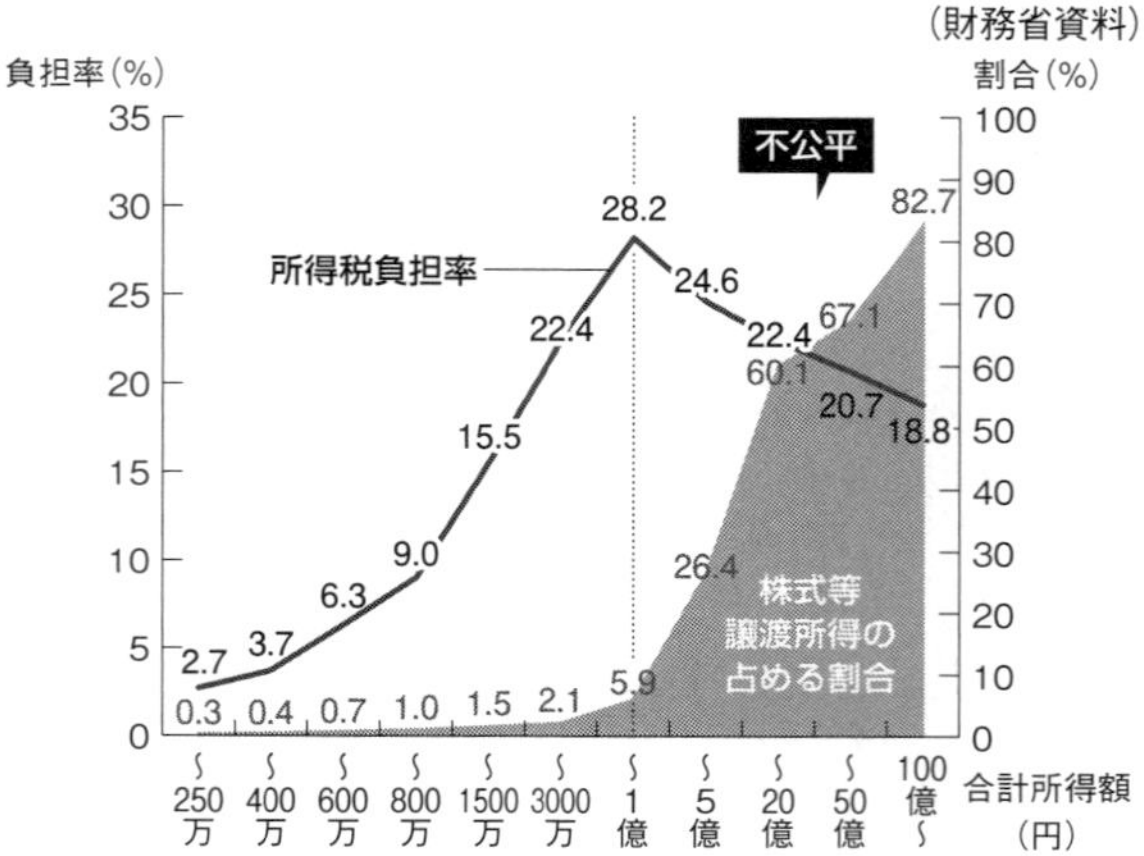

また、個人の所得税は、累進制度により所得が増えれば増えるほど税率は上がりますが、実は所得1億円に対する28・2%が頂点となり、それ以上の所得になると逆に税率が下がり、100億円を超えれば18・8%にまで落ちるのです。

原因は株取引です。所得が1億円を超えると所得に対する株取引による利益の割合が格段に大きくなりますが、1億円以上の所得にかかる所得税は、最高税率の45%が適用されるのに、株取引の利益は、そこから分離されて、20%の税率しか適用されないからです。これを、少なくとも国際水準並みの30%に引き上げ、将来的には、本体所得と合算して「総合課税」としていくべきでしょう。

こうして、法人税に累進税率を導入し、高所得者に対する株式分離課税を引き上げ、所得税の最高税率をたとえば50%にすれば、消費税の5%分に当たる13兆円程度の税収は確保できます。そう、低所得者ほど負担が大きい「逆進性」のある消費税を、5%に減税できる財源になるのです。立憲民主党は、時限的な5%への消費減税を訴えていますが、政権をとって、その他の財源の捻出額次第によっては、私は、その恒久化も視野に入れていくべきだと思っています。

えだ・けんじ●1956年生まれ、岡山県出身。東大法学部卒業後、79年に通産省（現・経済産業省）入省。大臣官房総務課、資源エネルギー庁などを経て米ハーバード大国際問題研究所に留学。90年、首相官邸に出向して海部・宮沢両内閣で総理演説と国会を担当。通産省に復帰して産業政策局総務課長補佐、経済協力調整室長を経て、94年の村山内閣発足と同時に橋本龍太郎通産相の秘書官（事務）。橋本内閣発足とともに首相首席秘書官（政治・行革担当）に就任し、98年の橋本首相辞職とともに退職。ハワイでの「晴泳雨読」生活を経て、2002年に衆議院議員初当選。みんなの党幹事長、結いの党代表、維新の党代表、民進党代表代行を経て、20年に立憲民主党代表代行。

宝島社新書

日本人の給料
平均年収は韓国以下の衝撃
（にほんじんのきゅうりょう
へいきんねんしゅうはかんこくいかのしょうげき）

2021年11月24日　第1刷発行

著　者　浜　矩子＋城　繁幸＋
野口悠紀雄　ほか

発行人　蓮見清一

発行所　株式会社　宝島社
〒102-8388 東京都千代田区一番町25番地
電話：営業　03(3234)4621
編集　03(3239)0646
https://tkj.jp

印刷・製本：中央精版印刷株式会社

ISBN 978-4-299-02220-2